一读就懂的

法律维权课

吕长喜 编著

民主与建设出版社
·北京·

©民主与建设出版社，2023

图书在版编目（CIP）数据

一读就懂的法律维权课 / 吕长喜编著. -- 北京：民主与建设出版社, 2023.9

ISBN 978-7-5139-4320-8

Ⅰ.①一… Ⅱ.①吕… Ⅲ.①法律－基本知识－中国 Ⅳ.①D920.4

中国国家版本馆 CIP 数据核字（2023）第 149351 号

一读就懂的法律维权课

YIDU JIU DONG DE FALü WEIQUANKE

编　　著	吕长喜
责任编辑	韩增标　王宇瀚
封面设计	韩海静
出版发行	民主与建设出版社有限责任公司
电　　话	（010）59417747　59419778
社　　址	北京市海淀区西三环中路 10 号望海楼 E 座 7 层
邮　　编	100142
印　　刷	德富泰（唐山）印务有限公司
版　　次	2023 年 9 月第 1 版
印　　次	2023 年 10 月第 1 次印刷
开　　本	710 毫米 ×1000 毫米　1/16
印　　张	15
字　　数	174 千字
书　　号	ISBN 978-7-5139-4320-8
定　　价	59.00 元

注：如有印、装质量问题，请与出版社联系。

前言 *preface*

　　法律与我们的日常生活、工作和权益密切相关，我们必须具备的基本法律常识。在法治社会，法律常识就像是大众生活的"日常必需品"，已经渗透到了我们日常生活中的各个方面。只有了解基本的法律常识，也就是我们通常所说的"懂法"，才能在生活中明确知晓，哪些行为是合法的，哪些行为是违法的，哪些权利是受到法律保护的，哪些责任是必须承担的，从而规范自己的行为，明白处世，合法维权。正所谓"术业有专攻，隔行如隔山"，法律面前人人平等，但是不懂法律就没办法用法律的武器保护自己。

　　有的人因为不懂法，吃亏、上当、受骗，甚至身陷囹圄：非婚同居而涉嫌犯罪，打工没有合同而要不到工资，离婚时"赔了青春又失了孩子的抚养权"……懂法，能够让我们眼明心亮，洞察社会上的大事小情，懂得规避风险，在涉及各类纠纷时依法维护切身利益，在社会中生活得游刃有余。

本书中，笔者结合自己多年的职业经验，认真梳理、精选了与我们的生活息息相关的法律常识，力求通过分析解读、法条援引、案例3个板块，对我们在日常生活中经常遇到的较为常见的法律问题进行解答。本书涉及婚恋与家庭、物权与出租、理财与消费、合同与保险、道路与交通、房产与物业、职场与校园、网络与安全等方面的法律知识，旨在帮助读者轻松掌握日常必知的法律常识，以法律的思维判断世间的是非曲直，从而规范行为、明白生活、理智处世、合法维权。愿本书能成为你和你的家庭的法律顾问。希望大家都珍惜自己所拥有的美好生活，用法律常识做护身符，保你一生风雨无忧；用法律做晴雨伞，为你一生保驾护航。

目录 contents

第一章 婚恋与家庭

恋爱对象恶意诽谤，该怎么办？/2
恋爱时送了很多礼物，分手时可以要回来吗？/5
情侣之间是否存在强奸？/7
现任变前任，彩礼怎么办？/10
夫妻双方到民政部门协议离婚，能当天拿到离婚证吗？/12
夫妻的公共财产有哪些？/15
哪些债务属于夫妻的共同债务？/17
哪些情形下，夫妻一方可以请求分割共同财产？/20
夫妻可以约定将婚姻关系存续期间取得的财产归各自所有吗？/23
离婚时，夫妻共同财产怎么分？/25
夫妻双方诉讼离婚要符合哪些条件？/27

第二章 物权与出租

房屋买卖必须依法登记才生效吗？/32
哪些情形下可以申请不动产预告登记？/34
居民小区内车位的归属和使用是如何规定的？/37
合租时，合同没写自己的名字，出现纠纷怎么办？/39
房东（中介）不退还租房押金，该怎么办？/41
法律对相邻权利人建造建筑物有哪些禁止性规定？/44
抵押期间，抵押人可以自由转让抵押财产吗？/46

居住权必须经登记才能设立吗？/48
农村集体土地被征收会有哪些补偿？/50
邻居（合租人）太吵，影响休息，可以主张权利吗？/53
房东要求租户承担屋内设施的维修义务，是否合理？/55

第三章 理财与消费

信用卡套现违法吗？/60
网上转账不小心转错人了怎么办？/63
遭遇冒名网贷怎么办？/65
私房钱属于夫妻共同财产吗？/68
不知情的情况下，身份证被办理信用卡，是否影响征信？/70
快递员未经收件人同意，私自将快递放在代收点，如何处理？/73
重要资料邮寄丢失，快递怎么赔付？/75
孩子能否自由支配压岁钱？/77
特价商品或赠品有质量问题能退换吗？/79
拍完写真，商家不同意交底片怎么办？/82
在超市买到过期或有质量问题的商品怎么办？/84
办理各种会员卡还没到期，店铺消失了怎么办？/86

第四章 合同与保险

订立合同可以采用哪些形式？/90
合同中哪些免责条款无效？/92
书面形式的合同和电子合同分别何时成立？/94
如何区分适用定金与违约金？/97
买房时，买方能绕开委托的中介直接与卖方订立合同吗？/99
借款合同中，应当如何支付利息？/101
为他人债务作保证人的，应当如何承担保证责任？/104
车停路边被撞，无监控找不到肇事方，保险公司能赔偿吗？/107
把车借给朋友，发生交通事故能理赔吗？/109

开车撞到自家人，保险公司能拒赔吗？ /112
有某种疾病史，投保三年后得病，被告知不符合投保条件怎么办？ /114

第五章　道路与交通

免费搭乘顺风车受伤，驾驶人是否需要赔偿受害人？ /118
网约车司机故意绕路怎么维权？ /120
修车人未经车主允许擅开机动车造成交通事故，车主是否需要赔偿？ /123
无证驾驶，是否就要承担事故的全部责任？ /125
公车私用发生交通事故，公司是否承担责任？ /128
酒驾后发生交通事故，同桌饮酒人是否有责任？ /130
借车驾驶发生交通事故，是实际驾驶人还是车主承担赔偿责任？ /132
因紧急避险造成的交通事故，由谁承担责任？ /134
司机为避免撞上行人而造成乘客伤亡，应如何处理？ /137
雇员因交通事故受到损害，雇主和肇事司机的赔偿责任如何分担？ /139
驾驶机动车被行人"碰瓷"要求赔偿，驾驶人该如何处理？ /142

第六章　房产与物业

实际情况与宣传册中的效果图不同，购房者能否要求退房？ /146
开发商逾期交房，应当承担什么责任？ /148
开发商迟延办理不动产权属证书，应当承担什么责任？ /151
中介公司未尽审查义务，应承担什么责任？ /153
小区墙面广告的收入该归谁所有？ /156
小区无人管理又遇突发应急事件怎么办？ /159
业主以房子未过户为由拒绝支付物业费怎么办？ /161
物业费涨价，业主是否有权拒绝支付？ /164
业主被高空坠物砸伤，无法确定侵权人怎么办？ /166
身份证与房屋所有权的名字不一致，怎么办？ /169
在单位买房，离开单位后还能不能办房产证？ /172

第七章 职场与校园

用"末位淘汰制"解聘员工合法吗？/176
上班路上自己摔倒导致骨折，算工伤吗？/179
遭遇公司拖欠薪资、欠缴社保、强制解聘怎么办？/181
公司试用期不缴纳五险一金怎么办？/184
因疫情或疾病被公司辞退该怎么办？/187
自己的论文被导师署名发表了该怎么办？/189
遭遇校园霸凌、暴力事件该如何应对？/192
学校强制安排实习，如何应对？/195
被同事或上司语言骚扰应该怎么办？/197
因恶劣天气居家办公，工资被减半发放是否合理？/200
被导师要求上交国家补贴，你该怎么办？/202

第八章 网络与安全

对网络侵权行为，网站未及时采取必要措施阻止的，需要承担责任吗？/206
发在网上的原创内容被人抄袭该如何维权？/208
如何防止电信诈骗？/211
身份信息被人盗用注册公司该怎么办？/213
七天无理由退货制度是否适用于票品？/215
网络购物促销活动，虚构原价促销是否构成价格欺诈？/217
游戏账号被盗，游戏公司承担责任吗？/220
游戏充值后，游戏公司倒闭了怎么办？/222
网购给差评，遭卖家威胁该怎么办？/225
遭遇买家多次恶意下单退款该怎么办？/227
未成年人打赏主播的钱能否追回？/230

◎ 第一章 ◎

婚恋与家庭

恋爱对象恶意诽谤，该怎么办？

分析解读

"问世间情为何物，直教人生死相许"这句话大家都耳熟能详，这是对美好爱情的赞美。世上的事就是如此，爱情有美好的一面，当然也有不好的一面，杜十娘怒沉百宝箱，就是因为对爱情的失望。当今社会也是如此，两人热恋时你好我好大家好，但是当感情破裂二人分开时，就会暴露人性丑陋的一面。明星之类的公众人物因为感情闹得沸沸扬扬，普通人也一样，两人分开后无中生有捏造事实说对方的不好。面对这种恶意诽谤，我们应该学会运用法律武器保护自己，维护自己的合法权益，打击生事者的不法行为。

我们首先要了解什么是诽谤，诽谤是指故意虚构事实捏造并散布谣言，足以贬损他人人格，破坏他人名誉的行为。诽谤根据其情节严重程度和事实的真实性，触犯的法律也是不一样的，诽谤所涉及的事实完全虚构的并且虚构事实针对特定的人进行公开扩散，情节严重到使他人的人格名誉受到严重损害，甚至由于诽谤导致受害人精神失常或者自杀的，这就会涉及刑法当中的诽谤罪。如果诽谤情节严重但不构成诽谤罪，可能属于违反治安行政法规的诽谤行为。当出现诽谤行为但是情节严重程度够不上刑法和治安行政法规，那该诽谤行为只属于民事性质的名誉侵权行为，比如诽谤者散布的事实是客观存在的，虽然有损他人的人格和名誉，也不足以构成诽谤罪。

当有人恶意诽谤时，我们应该学会运用法律武器保护自己。如果公民的名誉权受到非法侵犯，受害人是可以向公安机关报案的。如果只是民事性质的人格权和名誉权的侵权行为，我们可以要求恶意诽谤者停止侵害行为，消除影响，向受害人赔礼道歉，恢复受害人名誉。如果情节严重，我们可以向法院提起诉讼，根据具体情节按其触犯的法律或者法规进行处罚。同时我们可以申请精神损害赔偿，因为诽谤让我们心灵受伤，会影响到以后的生活和工作。

法条援引

《中华人民共和国刑法》

第二百四十六条　以暴力或者其他方法公然侮辱他人或者捏造事实诽谤他人，情节严重的，处三年以下有期徒刑、拘役、管制或者剥夺政治权利。

前款罪，告诉的才处理，但是严重危害社会秩序和国家利益的除外。

通过信息网络实施第一款规定的行为，被害人向人民法院告诉，但提供证据确有困难的，人民法院可以要求公安机关提供协助。

《中华人民共和国民法典》

第九百九十五条　人格权受到侵害的，受害人有权依照本法和其他法律的规定请求行为人承担民事责任。受害人的停止侵害、排除妨碍、消除危险、消除影响、恢复名誉、赔礼道歉请求权，不适用诉讼时效的规定。

案　例

原告小王和被告小李二人原是恋爱关系，后来因为一些原因分手。分手后小李使用小王的照片作为视频平台的头像并用小王的名字作为昵称，还把二人当时的聊天记录发到视频平台，之后又多次发视频配文称小王欺骗自己骗取自己钱财，小王事实已婚却冒充单身姑娘等等。这些视频在网上被大家广泛转发传播，小王的家人、朋友、同事看到后信以为真，对小王指指点点。小李的这些行为给小王的生活和工作造成极其严重的不良影响。小王多次找小李让其把视频删除未果，于2003年7月3日起诉到法院，要求小李停止侵害行为，删除视频，赔礼道歉，恢复自身名誉，并赔偿精神损失30000元。

审理结果

法院经审理认为，被告小李在视频平台捏造虚构事实进行视频发布，属于恶意诽谤，对小王名誉权造成损害，依法应承担民事责任，于2003年7月15日作出一审判决，判决小李立即删除其发布的侵害小王名誉权的相关内容，并向小王发表致歉的声明；发布澄清视频恢复小王名誉；赔偿小王精神损害抚慰金13000元。判决后，小李不服提起上诉。2003年8月6日，市中级人民法院经审理作出终审判决，判决驳回上诉、维持原判。

恋爱时送了很多礼物，分手时可以要回来吗？

分析解读

礼物是一座桥梁，一头是女方，一头是男方，架起双方的感情。男女双方在恋爱过程中，无论是过生日过节日还是在日常生活过程中，双方都会收到对方的礼物，这是双方爱情的见证。然而，如果二人分手，这些礼物会成为对方的负担，食之无味弃之可惜。既然如此那送出的礼物能不能收回？这就需要我们搞清楚这些礼物在法律上的性质。

一般来说，恋爱期间双方在自愿的基础上互相赠送礼物或者财物的行为从法律上讲属于赠与。根据我国相关法律的规定，当赠与物转移至受赠人的手中时，所有权也随之发生改变，受赠方有权不退回，以此为依据恋爱时收到的礼物是不能要回的。需要强调的是这里的赠与物是有限定的，如果是价格比较低的物品例如鲜花、衣服、口红之类，这些物品是不能要回的，如果是以结婚为目的赠送的价值较大的如房产、汽车等，当二人分手时，赠与人可以要回。简单来说，恋爱期间的礼物属于双方相互赠与，当分手时首先要看赠与物的价格，如果价格低到不能要回也就没有必要要回；如果价格较高，赠与方可以要回；如果双方的赠与物是附带一定条件的，比如买房是为了建立婚姻关系，像这种的可以要回。

还有一种情况是恋爱中的双方，现实生活中以各种节日相互发红包为主要的表现形式转账，例如情人节等节日到来时，对方发有象征意义的红包。还有就是二人在共同生活中出现的消费，一起吃饭、一起看电影、外出旅游以及租房。像这些情况，一般认为现金赠与只要转账成功，现金的所有权就由赠与人转移给受赠人，赠与人是不能随意撤销的，也没有权利要求对方返还。

法条援引

《中华人民共和国民法典》

第六百五十七条 赠与合同是赠与人将自己的财产无偿给予受赠人，受赠人表示接受赠与的合同。

第六百六十三条 受赠人有下列情形之一的，赠与人可以撤销赠与：

（一）严重侵害赠与人或者赠与人近亲属的合法权益；

（二）对赠与人有扶养义务而不履行；

（三）不履行赠与合同约定的义务。

赠与人的撤销权，自知道或者应当知道撤销事由之日起一年内行使。

第九百八十五条 得利人没有法律根据取得不当利益的，受损失的人可以请求得利人返还取得的利益，但是有下列情形之一的除外：

（一）为履行道德义务进行的给付；

（二）债务到期之前的清偿；

（三）明知无给付义务而进行的债务清偿。

案 例

来自湖南省长沙市的男士王某和来自湖北省武汉市的女士李某，二人于2002年3月经人介绍认识，相识后王李二人迅速进入热恋期，2002年7月，王某提出要和李某结婚，李某同意。自2002年7月开始至2003年5月，这期间王某陆续赠与李某黄金首饰、名牌包、钻戒等，还为其购买宝马车，并在此期间向李某转账十多万元。李某为获得财物开始是假意答应与王某结婚，在收到财物后提出分手，王某因此向法院提起诉讼，要求李某返还自己所赠财物，李某则认为这是因为王某喜欢自己而产生的赠与，不应返还。

法院经审理认为，王李二人之间的礼物往来，属于附带条件的赠与，因附带的条件没有实现即案件中二人未建立婚姻关系，所以赠与不成立。恋爱期间赠送的贵重财物等大额支出，除非受赠方有相反的证据可以证明，否则认定赠与方的赠与是以结婚为目的进行的。二人分手不能建立婚姻关系，受赠人没有合法的理由继续占有财物，应予以返还。因此法院判决李某退还王某所送礼物，如已使用无法退还的，根据其价值折现返给王某。

情侣之间是否存在强奸？

分析解读

可能大家普遍认为情侣之间发生性关系在当今社会属于家常便饭，即使中间有些许不愉快也是两个人之间的感情问题，怎么会涉及强奸一说。但是我要告诉大家的是，情侣间也是有可能存在强奸的。

强奸又被称为性暴力或者强制性交，强奸是一种违背他人意愿（主要是妇女意愿），使用暴力、伤害等手段，强迫与他人进行性行为的行为。根据我国刑法的规定，强奸罪是违背妇女意志并且侵犯妇女性自由权的行为，客观上来说必须要有暴力威胁或者其他手段使得妇女不能反抗、不敢反抗或者反抗无效，常见的手段有使用麻醉类的

第一章　婚恋与家庭

药物或者灌醉的方式实施强奸行为，冒充妇女的男友或者丈夫的身份进行强奸，在妇女熟睡之时进行强奸等等。强奸的本质是违背妇女意志与其发生性行为，原则上来说只要妇女不同意与实施性行为者发生性关系，行为者仍与其发生性关系，就有可能构成强奸。

因此情侣之间当然存在强奸的可能，女方不同意同房发生性关系，如果男方强行与女方发生性关系则属于违背妇女的意志，就可能会是强奸。违背妇女意志是判定强奸的本质特征，例如虽然二人是情侣关系，当女性喝醉不省人事处于无知无法抵抗的状态，如果男性在这种情况下和其发生性行为，就属于违背妇女意志；再比如女方正在熟睡不能进行反抗，男方对其实施性行为也是属于违背妇女的意志。

法条援引

《中华人民共和国刑法》

第二百三十六条 以暴力、胁迫或者其他手段强奸妇女的，处三年以上十年以下有期徒刑。

奸淫不满十四周岁的幼女的，以强奸论，从重处罚。

强奸妇女、奸淫幼女，有下列情形之一的，处十年以上有期徒刑、无期徒刑或者死刑：

（一）强奸妇女、奸淫幼女情节恶劣的；

（二）强奸妇女、奸淫幼女多人的；

（三）在公共场所当众强奸妇女、奸淫幼女的；

（四）二人以上轮奸的；

（五）奸淫不满十周岁的幼女或者造成幼女伤害的；

（六）致使被害人重伤、死亡或者造成其他严重后果的。

第二百四十一条 收买被拐卖的妇女、儿童的，处三年以下有期徒刑、拘役或者管制。

收买被拐卖的妇女，强行与其发生性关系的，依照本法第二百三十六条的规定定罪处罚。

收买被拐卖的妇女、儿童，非法剥夺、限制其人身自由或者有伤害、侮辱等犯罪行为的，依照本法的有关规定定罪处罚。

收买被拐卖的妇女、儿童，并有第二款、第三款规定的犯罪行为的，依照数罪并罚的规定处罚。

收买被拐卖的妇女、儿童又出卖的，依照本法第二百四十条的规定定罪处罚。

收买被拐卖的妇女、儿童，对被买儿童没有虐待行为，不阻碍对其进行解救的，可以从轻处罚；按照被买妇女的意愿，不阻碍其返回原居住地的，可以从轻或者减轻处罚。

案 例

被告人刘某与被害人苗某系河南省濮阳市同村村民，二人是前后房邻居。苗某家人外出打工只有其一人在家，刘某家和苗某家因为盖房之前有过矛盾，2019年7月3日晚上刘某在同村好友王某家喝了半斤白酒又喝了几瓶啤酒，半夜十一点多回家，在经过苗某家时心想只有苗某在家，酒壮厌人胆，于是刘某翻墙进入。进到屋内看见苗某正在熟睡对其身体进行抚摸，在其想与苗某发生性行为时，苗某突然惊醒并进行反抗，刘某利用自己的力量压制住苗某并强行脱掉其衣服。趁着月色苗某认出刘某，喊其名字进行制止，刘某因害怕停止行为逃回家中。苗某于次日向公安机关报案。

法院经审理认为，被告人刘某违背妇女意志使用暴力手段想与他人发生性关系，其行为构成强奸罪。刘某在实施犯罪的过程中因被被害人苗某认出，主动放弃犯罪行为，属于犯罪中止，应当减轻处罚。刘某2018年8月曾因犯盗窃罪被判处刑罚，可酌情从重处罚。

最终判决刘某因犯强奸罪判处有期徒刑两年。宣判后，刘某不服判决，提出上诉，濮阳市中级人民法院裁定驳回上诉，维持原判。

现任变前任，彩礼怎么办？

分析解读

彩礼在我们的生活中十分常见，结婚之前男方给女方彩礼目前在我们国家已经是一种常态，甚至成为了约定俗成的习惯。在各个地方还有所谓的统一标准，而且在彩礼的金额上还处于上升的趋势。在有些地方，男方为了结婚准备彩礼把家底掏空，更有甚者借钱来给女方送彩礼，使得本不富裕的家庭更是雪上加霜。如果双方最终迈入婚姻的殿堂，这一切是值得的，但是如果最后两人不欢而散，那彩礼是否退还、退还多少就成为了双方急需解决的问题。

现任变前任，彩礼应该怎么办？我们首先需要搞清楚彩礼是什么。彩礼是指婚姻关系当事人一方一般意义是男方，根据习俗向对方一般意义是女方，给付的钱物。彩礼具有强烈的针对性，一方向另一方进行给付；彩礼还有明显的风俗性，一般都是根据当地的风俗习惯给付一定金额的钱物；彩礼还具有较强的目的性，给付钱物是为了建立婚姻关系。彩礼在法律上不提倡但是也不禁止。

从法律角度来说，彩礼在性质上属于是一种附带条件的赠与行为，附带的条件是双方建立婚姻关系，如果没有达到附带的条件则赠与行为不生效，可以和对方要回。从这个角度来看，现任变前任，彩礼可以要回。彩礼的退还需要在以下几种情形下：第一种是双方虽然具有法律上的婚姻关系，但是二人未同居过；第二种是男女双方未能达成婚姻关系；第三种是婚前给付彩礼导致给付方生活困难的。有以上这三种情形的可以退还彩礼。

但是也不是所有的彩礼都是可以退还的，例如双方未办理结婚登记手续而同居生活超过两年，双方未办理结婚登记手续同居生活不到两年但是有生育子女，对方给付的彩礼已经用于双方共同生活，双方建立婚姻关系后又离婚。

法条援引

《最高人民法院关于适用〈中华人民共和国民法典〉婚姻家庭编的解释（一）》

第五条　当事人请求返还按照习俗给付的彩礼的，如果查明属于以下情形，人民法院应当予以支持：

（一）双方未办理结婚登记手续；

（二）双方办理结婚登记手续但确未共同生活；

（三）婚前给付并导致给付人生活困难。

适用前款第二项、第三项的规定，应当以双方离婚为条件。

《中华人民共和国民法典》

第九百八十五条　得利人没有法律根据取得不当利益的，受损失的人可以请求得利人返还取得的利益，但是有下列情形之一的除外：

（一）为履行道德义务进行的给付；

（二）债务到期之前的清偿；

（三）明知无给付义务而进行的债务清偿。

第一千零四十二条　禁止包办、买卖婚姻和其他干涉婚姻自由的行为。禁止借婚姻索取财物。

禁止重婚。禁止有配偶者与他人同居。

禁止家庭暴力。禁止家庭成员间的虐待和遗弃。

案　例

原告钱某家住济南市历城区，2018 年 9 月经家人的介绍与周某相识，同年 11 月二人举行订婚仪式，12 月 10 日二人登记结婚，2019 年 5 月 3 日举办婚礼。二人结婚后周某一直不与钱某同房，并不断向钱某索要钱物，还时常与钱某发生争吵，甚至大打出手后报警处理，周某也因此回娘家居住。钱周二人结婚共同生活不到两个月，周某回娘家后也不再联系钱某，钱某于 2019 年 8 月 5 日向历城区人民法院提起诉讼，要求与周某离婚，并要求周某退还彩礼 11 万元。经审理判决，钱周二人离婚，周某于判决生效之日起七日之内退还彩礼 11 万元。

夫妻双方到民政部门协议离婚，能当天拿到离婚证吗？

分析解读

根据国家统计局公布的数据，2022 年全国离婚率为 43.53%，这是一个十分夸张的数字，也就是说每有两对登记结婚就有一对会离婚。在中国古代父母之命、媒妁之言、夫唱妇随的思想束缚下，夫妻双方基本不存在离婚一说，但是伴随社会的发展、时代的进步、女性地位的提升，双方的婚姻更多地遵从自己的内心，因此越来越多的夫妻选择离婚去过自己向往的生活。

夫妻双方到民政部门协议离婚，能当天拿到离婚证吗？一般来说当天是可能拿不到离婚证的。夫妻双方经协商决定解除婚姻关系，双方拿着离婚协议书、结婚证、身份证到婚姻登记机关或者双方任意一方的民政部门办理离婚手续，其程序为，夫妻双方首先提出离婚登记申请，然后婚姻登记人员受理申请，最后是婚姻登记人员对双方提交的证件、离婚协议书进行审查，审查过后发放离婚证。

我国法律对双方离婚规定有一个冷静期，现在冷静期为三十天。冷静期是指婚姻登记机关收到双方的离婚申请之日起三十日内，任何一方不愿意离婚的，可以向婚姻登记机关申请撤回离婚登记申请。冷静期限届满后三十日内，双方应亲自到婚姻登记机关申请发放离婚证，到期未申请的视为撤回离婚申请。冷静期的规定是为了防止夫妻双方在感情没有真正破裂的时候，因一时冲动离婚，而导致终身遗憾，有三十天的冷静期双方可以比较理智地作出决定。

综上所述，因为我国法律上有冷静期的规定，因此在民政部门协商离婚，当天拿不到离婚证。

法律援引

《中华人民共和国民法典》

第一千零七十六条 夫妻双方自愿离婚的，应当签订书面离婚协议，并亲自到婚姻登记机关申请离婚登记。

离婚协议应当载明双方自愿离婚的意思表示和对子女抚养、财产以及债务处理等事项协商一致的意见。

第一千零七十七条 自婚姻登记机关收到离婚登记申请之日起三十日内，任何一方不愿意离婚的，可以向婚姻登记机关撤回离婚登记申请。

前款规定期限届满后三十日内，双方应当亲自到婚姻登记机关申请发给离婚证；未申请的，视为撤回离婚登记申请。

《婚姻登记条例》

第十一条 办理离婚登记的内地居民应当出具下列证件和证明材料：

(一) 本人的户口簿、身份证；

(二) 本人的结婚证；

(三) 双方当事人共同签署的离婚协议书。

办理离婚登记的香港居民、澳门居民、台湾居民、华侨、外国人除应当出具前款第(二)项、第(三)项规定的证件、证明材料外，香港居民、澳门居民、台湾居民还应当出具本人的有效通行证、身份证，华侨、外国人还应当出具本人的有效护照或者其他有效国际旅行证件。

离婚协议书应当载明双方当事人自愿离婚的意思表示以及对子女抚养、财产及债务处理等事项协商一致的意见。

案 例

吴某，女，33岁，户籍河北省石家庄市。郑某，男，户籍河北省廊坊市。吴某和郑某二人结婚两年，吴某开理发店，家里生活开销都由其承担，郑某整日游手好闲，无所事事，吴某还要定期给郑某生活费让其生活。吴某为了能让郑某分担自己的经济压力，借了一部分钱买了一辆货车，让郑某跑货物运输挣钱，来维持家里的生活开支。然而郑某不思进取，三天打鱼两天晒网，不仅没挣到钱还出交通事故赔了不少钱进去，为此吴某和郑某经常吵架。面对郑某的不思进取和生活上的经济压力，吴某决定与郑某离婚，郑某无奈只能和吴某到民政部门办理离婚登记。在婚姻登记人员受理二人离婚申请后，向双方了解具体情况，认为双方并没有到感情破裂的程度，对二人进行劝说，尤其是对郑某，吴某当场依旧坚持离婚。婚姻登记人员告知二人离婚申请已经受理，离婚证要在冷静期过后才能发放。在冷静期内，郑某痛改前非，每天努力干活挣钱，吴某看到郑某的改变很是感动，郑某也多次请求吴某的原谅，并保证自己以后好好工作养家。最终冷静期还没到期限，吴郑二人到民政部门申请撤回离婚申请，继续美好的生活。

夫妻的公共财产有哪些？

分析解读

夫妻公共财产在法律上称为夫妻共同财产。夫妻共同财产是指夫妻双方在婚姻关系存续期间所得的财产，财产属于夫妻双方共同所有，双方有平等的处置权。

夫妻共同财产包括的内容有：（一）夫妻双方或一方的劳动收入，例如工资、奖金、其他形式的劳动报酬；（二）生产经营所得的收益或者投资所得的收入；（三）知识产权的收益，例如通过写作或者创作文学作品获得的收入；（四）因继承或者受赠而获得的财产；（五）夫妻一方取得的住房补贴或者住房公积金；（六）夫妻一方获得的养老金、破产安置补偿费；（七）夫妻一方用个人财产投资获得的收益，前提是收益是以投资自身增值而非通过夫妻双方的共同努力获得。

夫妻共同财产的确定时要注意下面问题：夫妻双方有约定的哪些财产不属于夫妻共同财产；在继承或者受赠时，应明确说明财产只属于夫妻中的某一方；特殊群体，如军人的伤残补助金、医药生活补助费；个人生活的专属用品，如化妆品、衣服等；其他应属于夫妻一方的财产。

法条援引

《中华人民共和国民法典》

第一千零六十二条 夫妻在婚姻关系存续期间所得的下列财产，为夫妻的共同财产，归夫妻共同所有：

（一）工资、奖金、劳务报酬；

（二）生产、经营、投资的收益；

（三）知识产权的收益；

（四）继承或者受赠的财产，但是本法第一千零六十三条第三项规定的除外；

（五）其他应当归共同所有的财产。

夫妻对共同财产，有平等的处理权。

第一千零六十三条 下列财产为夫妻一方的个人财产：

（一）一方的婚前财产；

（二）一方因受到人身损害获得的赔偿或者补偿；

（三）遗嘱或者赠与合同中确定只归一方的财产；

（四）一方专用的生活用品；

（五）其他应当归一方的财产。

《最高人民法院关于适用〈中华人民共和国民法典〉婚姻家庭编的解释（一）》

第二十五条 婚姻关系存续期间，下列财产属于民法典第一千零六十二条规定的"其他应当归共同所有的财产"：

（一）一方以个人财产投资取得的收益；

（二）男女双方实际取得或者应当取得的住房补贴、住房公积金；

（三）男女双方实际取得或者应当取得的基本养老金、破产安置补偿费。

案　例

男方朱某和女方孟某2003年4月登记结婚，结婚后未生育子女。同年9月二人决定购买本市某小区商品房，总价50万，购房事宜全部由朱某办理，房屋买卖合同和产品登记也只登记朱某名字。2004年5月朱孟二人举行婚礼，2007年二人感情破裂，于是协议离婚。对于房屋的处置二人未达成一致，朱某主张房屋登记在自己名下应属于个人财产，不是夫妻共同财产不能进行分割，而孟某认为房子是在双方登记结婚后购买，应属于夫妻共同财产，有自己的一部分。2007年7月孟某向法院提起诉讼，主张依法对房子进行分割。

法院经审理认为，根据《中华人民共和国婚姻法》（已于2021年1月1日废止）规定，房子是在二人登记结婚后购买的，属于夫妻共同财产，支持孟某对于房屋分割的要求。如果朱某想要房子需支付孟某25万，如果双方都不选择要房子，房子售卖后所得款项二人均分，最终朱某选择要房子，支付孟某房子折价25万元。

哪些债务属于夫妻的共同债务？

分析解读

夫妻共同债务是指夫妻双方都同意的情况下举债或者一方为了家庭日常生活所负担的债务。这些债务必须是在夫妻关系存续期间产生的,是以夫妻双方生活为基础而产生的,是对共同财产使用和处分才产生的债务,除非夫妻双方有约定。夫妻共同债务要由夫妻双方承担。

夫妻共同债务包括以下内容:结婚前夫妻一方借款购买的财产在婚后转化成夫妻共同财产的,为购买财产产生的债务;夫妻双方为家庭共同生活所负的债务;夫妻双方共同签字或者夫妻一方事后追认等共同意思表示所负的债务;夫妻双方共同从事生产经营活动所负的债务,或者一方从事生产经营活动,经营所得用于家庭生活所负的债务;夫妻一方或者双方为治病以及为负有法定义务的人治病所负的债务;因抚养子女所负的债务;因赡养负有赡养义务的老人所负的债务;为支付夫妻一方或双方的教育、培训费用所负的债务;为支付正当必要的社会交往费用所负的债务;夫妻协议约定为共同债务的债务;其他应当认定为夫妻共同债务的债务。

法条援引

《中华人民共和国民法典》

第一千零六十四条 夫妻双方共同签名或者夫妻一方事后追认等共同意思表示所负的债务,以及夫妻一方在婚姻关系存续期间以个人名义为家庭日常生活需要所负的债务,属于夫妻共同债务。

夫妻一方在婚姻关系存续期间以个人名义超出家庭日常生活需要所负的债务,不属于夫妻共同债务;但是,债权人能够证明该债务用于夫妻共同生活、共同生产经营或者基于夫妻双方共同意思表示的除外。

《中华人民共和国婚姻法》

第四十一条 离婚时,原为夫妻共同生活所负的债务,应当共同偿还。共同财产不足清偿的，或财产归各自所有的，由双方协议清偿；协议不成时，由人民法院判决。

《最高人民法院关于适用〈中华人民共和国婚姻法〉若干问题的解释（二）》

第二十四条 债权人就婚姻关系存续期间夫妻一方以个人名义所负债务主张权利的，应当按夫妻共同债务处理。但夫妻一方能够证明债权人与债务人明确约定为个人债务，或者能够证明属于婚姻法第十九条第三款规定情形的除外。

第二十五条 当事人的离婚协议或者人民法院的判决书、裁定书、调解书已经对夫妻财产分割问题作出处理的，债权人仍有权就夫妻共同债务向男女双方主张权利。

案 例

江某和汪某原是夫妻关系，二人在2016年协议离婚。2014年8月江某以装修为由向南京市江宁区农业银行借款20万元，妻子汪某和朋友蒋某为其提供担保，农业银行按照协议发放款项。在之后还款过程中，江某并未按约定每个月进行还款，2017年3月因江某未按约定进行还款，江宁区农业银行向江宁区人民法院申请诉前财产保全，江某汪某蒋某三人的财产因此被冻结。由于江汪夫妻二人名下只有3万元财产，因此蒋某被银行划扣10万元。蒋某因此向法院起诉江汪夫妻二人，要求二人共同偿还自己10万元。

法院经审理认为，本案所产生的债务在江汪二人夫妻存续期间，汪某当时也提供担保因此可以认定汪某知情，根据《中华人民共和国婚姻法》（已于2021年1月1日废止）解释该债务属于夫妻共同债务，应由汪江夫妻二人共同承担，偿还蒋某10万元。

一读就懂的法律维权课

江某不服一审判决，认为该债务属于自己个人债务，于是提出上诉。南京市中级人民法院认为，江某所产生的债务属于夫妻共同债务应由夫妻二人共同承担，因此驳回上诉，维持原判。

哪些情形下，夫妻一方可以请求分割共同财产？

> 分析解读

夫妻共同财产是夫妻双方在婚姻关系存续期间获得的财产，属于夫妻双方共同所有，双方拥有平等的处置权，财产如何使用原则上夫妻双方共同协商确定。然而，在现实生活中，有一部分夫妻共同财产实际上是掌握在一个人的手中，另一个人没有实际的控制权和使用权，这就可能导致拥有控制权的一方会通过一些手段侵害另一方的财产利益。因此我们需要了解在什么情形下，夫妻一方可以请求分割夫妻共同财产。

根据我们目前相关法律的规定，夫妻双方在婚姻关系存续期间是不允许分割夫妻共同财产的。但是如果夫妻一方存在以下两种情况，可以进行财产分割：第一种是一方有隐藏、转移、变卖、毁损、挥霍夫妻共同财产或者伪造夫妻共同债务等严重损害夫妻共同财产利益的行为，这要求是实施行为的一方必须是主观故意，意图一人独自占有夫妻共同财产；第二种是一方负有法定扶养义务的人患有重大疾病需要医治，另一方不同意支付相关医疗费用的情形，这要求是对于重大疾病的治疗不支付治疗费用。

其他可以分割夫妻共同财产的情形：因为离婚导致的夫妻共同财

产分割，夫妻双方不再共同生活，需要对共同财产进行分割；夫妻双方约定分割，夫妻双方可以自行约定在婚姻关系存续期间财产的分配，例如婚姻关系存续期间财产各自所有，前提是双方按真实意愿达成协议；因为继承产生的分割，夫妻一方死亡，应先分割夫妻共有财产然后继承人再继承。

综上所述，请求分割夫妻共同财产的情形是，一般情形下，夫妻一方请求分割财产须以提起离婚诉讼为前提，除非出现一方隐匿财产转移财产的行为或者是应尽扶养义务未尽到。另外可以分割财产的情形是离婚、夫妻双方约定、继承、死亡。

法条援引

《中华人民共和国民法典》

第一千零六十六条 婚姻关系存续期间，有下列情形之一的，夫妻一方可以向人民法院请求分割共同财产：

（一）一方有隐藏、转移、变卖、毁损、挥霍夫妻共同财产或者伪造夫妻共同债务等严重损害夫妻共同财产利益的行为；

（二）一方负有法定扶养义务的人患重大疾病需要医治，另一方不同意支付相关医疗费用。

《最高人民法院关于适用〈中华人民共和国民法典〉婚姻家庭编的解释（一）》

第三十八条 婚姻关系存续期间，除民法典第一千零六十六条规定情形以外，夫妻一方请求分割共同财产的，人民法院不予支持。

《中华人民共和国婚姻法》

第十九条 夫妻可以约定婚姻关系存续期间所得的财产以及婚前

财产归各自所有、共同所有或部分各自所有、部分共同所有。约定应当采用书面形式。没有约定或约定不明确的，适用本法第十七条、第十八条的规定。

夫妻对婚姻关系存续期间所得的财产以及婚前财产的约定，对双方具有约束力。

夫妻对婚姻关系存续期间所得的财产约定归各自所有的，夫或妻一方对外所负的债务，第三人知道该约定的，以夫或妻一方所有的财产清偿。

案 例

原告王某和被告李某于2006年开始同居生活，2008年3月5日生育长子，2009年5月1日生育次女，后于2011年2月补办结婚登记手续。原告王某于2019年4月向江西省抚州市当地法院提起诉讼要求和被告李某离婚，理由是二人感情破裂但没有证据，在离婚诉讼期间原告王某认为被告李某有可能会转移财产，因此向法院申请分割夫妻共同财产。被告李某辩称自己没有转移财产的行为，请求法院驳回原告分割财产的请求。

抚州市人民法院经审理认为，原告王某和被告李某依法办理结婚登记手续，在法律上属于合法夫妻，夫妻关系应受到保护，因感情破裂没有证据，因此原告王某的离婚诉求驳回。在王李二人婚姻关系存续期间，被告不存在转移财产的行为，不符合婚姻关系存续期间申请分割夫妻共同财产的要求，因此原告王某的分割夫妻共同财产的诉求被驳回。

夫妻可以约定将婚姻关系存续期间取得的财产归各自所有吗？

分析解读

一般来说夫妻在婚姻关系存续期间所获得的财产属于夫妻共同财产，夫妻共同财产为夫妻双方共同拥有。但是夫妻双方可以约定夫妻双方在婚姻关系存续期间取得的财产归各自所有，这种约定要以书面的方式约定好双方对于财产如何进行分配。

夫妻双方经过协商的方式达成书面约定夫妻共同财产的处置，称为约定财产制。约定财产制主要有三种，分别是共同财产制、分别财产制和限制共同所有制。

共同财产制是指夫妻双方对婚前的财产和婚后的财产全部约定为夫妻共同财产，夫妻双方认为结婚后双方共同生活，财产也不应分你的我的，对维持家庭生活十分有益。

综上所述，夫妻可以约定在婚姻存续期间取得的财产归各自所有，只要是夫妻双方以书面的方式，真实意愿表达，确定好哪种财产制就可以。

分别财产制是指夫妻双方约定婚前的财产和婚后所取得的财产谁获得谁拥有，这种方式越来越受到当下夫妻双方的青睐，双方平等，谁也不会因为财产的问题受制于对方，家庭生活在一起但是独立面对各自问题。这里需要强调的是如果约定这种方式，双方需提前约定好其必须承担义务时双方承担的份额。

限制共同所有制是指夫妻双方约定婚前财产和婚后所得财产一部分属于夫妻共同财产，一部分属于各自所有，具体比例根据夫妻双方的约定。

法条援引

《中华人民共和国民法典》

第一千零六十五条 男女双方可以约定婚姻关系存续期间所得的财产以及婚前财产归各自所有、共同所有或者部分各自所有、部分共同所有。约定应当采用书面形式。没有约定或者约定不明确的，适用本法第一千零六十二条、第一千零六十三条的规定。

夫妻对婚姻关系存续期间所得的财产以及婚前财产的约定，对双方具有法律约束力。

夫妻对婚姻关系存续期间所得的财产约定归各自所有，夫或者妻一方对外所负的债务，相对人知道该约定的，以夫或者妻一方的个人财产清偿。

《中华人民共和国婚姻法》

第十九条 夫妻可以约定婚姻关系存续期间所得的财产以及婚前财产归各自所有、共同所有或部分各自所有、部分共同所有。约定应当采用书面形式。没有约定或约定不明确的，适用本法第十七条、第十八条的规定。

夫妻对婚姻关系存续期间所得的财产以及婚前财产的约定，对双方具有约束力。

夫妻对婚姻关系存续期间所得的财产约定归各自所有的，夫或妻一方对外所负的债务，第三人知道该约定的，以夫或妻一方所有的财产清偿。

案例

马某和杜某二人于2006年5月登记结婚，婚后二人想买一辆车，因马某为考取本市公务员把工作辞掉，于是购买车辆登记在杜某名下。2008年3月马杜二人签订协议，双方约定婚后财产实现分别财产制及婚后获得财产归各自所有，后来马某考公务员失败因无收入来源以协议有失公平向法院提起诉讼，撤销双方签订的协议。法院经审理认为，协议为双方真实意愿表达，不违反法律，因此驳回马某诉求。

离婚时，夫妻共同财产怎么分？

分析解读

夫妻共同财产是夫妻双方在婚姻关系存续期间所获得的财产，如果夫妻离婚，对于夫妻共同财产的分割首先要看夫妻双方有没有约定，如果有约定按照约定进行分割，如果没有约定原则是均等分割。夫妻双方还可以通过法院判决进行分割，法院会结合双方的具体情况根据男女平等原则、保护子女原则和无过错方原则进行判决，合理分割夫妻双方共同财产。

但是现实生活中往往没有这么简单，根据生产和生活的实际需要以及财产的获取方式，具体处理时也会有一定的区别。比如属于个人专用的用品像衣服鞋子化妆品等日常生活所用的，一般归个人所有；当地有给付彩礼习俗的，如果夫妻双方已登记结婚但未共同生活或者因给付才造成家庭苦难的，可以申请退回彩礼；对夫妻共同经营的当年无收益的养殖、种植业等，离婚时应从有利于发展生产、有利于经营管理考虑，予以合理分割或折价处理；双方对婚前一方所有的房屋进行过修缮、装修、原拆原建，离婚时未变更产权，增值部分中属于另一方应得的份额，由房屋所有人折价补偿给另一方；借婚姻关系索取的财物，离婚时，如结婚时间不长，或者因索要财物造成对方生活困难的可酌情要求返还；对取得财物的性质是索要还是赠与难以认定的，可按赠与处理；一方以夫妻共同财产与他人合伙经营的，入伙的财产可以给一方所有，分得入伙财产的一方对另一方应给予相当于入伙财产一半价值的补偿。

法条援引

《中华人民共和国民法典》

第一千零六十二条 夫妻在婚姻关系存续期间所得的下列财产，为夫妻的共同财产，归夫妻共同所有：

（一）工资、奖金、劳务报酬；

（二）生产、经营、投资的收益；

（三）知识产权的收益；

（四）继承或者受赠的财产，但是本法第一千零六十三条第三项规定的除外；

（五）其他应当归共同所有的财产。

夫妻对共同财产，有平等的处理权。

第一千零八十七条 离婚时，夫妻的共同财产由双方协议处理；协议不成的，由人民法院根据财产的具体情况，按照照顾子女、女方和无过错方权益的原则判决。

对夫或者妻在家庭土地承包经营中享有的权益等，应当依法予以保护。

《最高人民法院关于适用〈中华人民共和国婚姻法〉
若干问题的解释（二）》

第二十条 双方对夫妻共同财产中的房屋价值及归属无法达成协议时，人民法院按以下情形分别处理：

（一）双方均主张房屋所有权并且同意竞价取得的，应当准许；

（二）一方主张房屋所有权的，由评估机构按市场价格对房屋作出评估，取得房屋所有权的一方应当给予另一方相应的补偿；

（三）双方均不主张房屋所有权的，根据当事人的申请拍卖房屋，就所得价款进行分割。

案例

原告丁某与被告吕某是继母子关系，原告父亲在生前名下有位于武汉市某小区的一套价值10万元的房产，2014年6月原告父亲立下遗嘱并进行公证，遗嘱中写明在其去世后，自己名下房子由原告丁某继承，他人不得争执。原告丁某父亲去世后，因上述遗产发生纠纷，被告吕某拒绝配合办理过户手续，原告因此向法院提起诉讼，诉求房子归自己所有。经法院查明房子是原告父亲和吕某在婚姻关系存续期间所购买只是登记在原告父亲名下，属于夫妻共同财产，在财产发生继承时除非有约定，否则在分割遗产时应先分出一半给配偶一方。鉴于房屋属于不宜分割财产，因此判决房屋归原告丁某所有，但原告丁某应给予吕某4万元补偿。

夫妻双方诉讼离婚要符合哪些条件？

分析解读

诉讼离婚是指夫妻双方就是否离婚、共同财产分割、债务的承担、子女的抚养等问题，无法通过协商达成一致，因此向法院起诉通过法院判决来解决上述问题。诉讼离婚的前提是双方为合法夫妻，即双方已经办理结婚登记或者属于事实婚姻。提起离婚诉讼的主体要求一方须是完全民事行为能力人，而且是婚姻关系双方中的一方，其他任何第三人不得提出离婚诉讼。诉讼离婚要有明确的被告、具体的诉讼请求以及相应的事实和理由。离婚诉讼要到有管辖权的法院提起诉讼。

夫妻双方中一方提出诉讼离婚的，法院应先进行调解，如果感情确实已经破裂应准予离婚。有下列情形之一的法院应准予离婚：（一）夫妻一方有重婚或者与他人同居的；（二）有家暴虐待行为的或者遗弃家庭成员的；（三）有赌博等恶习屡教不改的；（四）感情不和分居满两年的；（五）一方被宣告失踪，另一方提起离婚诉讼的；（六）法律认定的其他感情破裂情形。

综上所述夫妻双方诉讼离婚要符合的条件用一句话概括是：夫妻双方在合法婚姻关系的前提下，由一方具有完全民事行为能力的当事人，向有司法管辖权的法院提出明确的诉讼请求并附带相应的事实证据。

法条援引

《中华人民共和国民法典》

第一千零七十九条 夫妻一方要求离婚的，可以由有关组织进行调解或者直接向人民法院提起离婚诉讼。

人民法院审理离婚案件，应当进行调解；如果感情确已破裂，调解无效的，应当准予离婚。

有下列情形之一，调解无效的，应当准予离婚：

（一）重婚或者与他人同居；

（二）实施家庭暴力或者虐待、遗弃家庭成员；

（三）有赌博、吸毒等恶习屡教不改；

（四）因感情不和分居满二年；

（五）其他导致夫妻感情破裂的情形。

一方被宣告失踪，另一方提起离婚诉讼的，应当准予离婚。

经人民法院判决不准离婚后，双方又分居满一年，一方再次提起离婚诉讼的，应当准予离婚。

《中华人民共和国民事诉讼法》

第一百二十七条　人民法院对下列起诉，分别情形，予以处理：

（一）依照行政诉讼法的规定，属于行政诉讼受案范围的，告知原告提起行政诉讼；

（二）依照法律规定，双方当事人达成书面仲裁协议申请仲裁、不得向人民法院起诉的，告知原告向仲裁机构申请仲裁；

（三）依照法律规定，应当由其他机关处理的争议，告知原告向有关机关申请解决；

（四）对不属于本院管辖的案件，告知原告向有管辖权的人民法院起诉；

（五）对判决、裁定、调解书已经发生法律效力的案件，当事人又起诉的，告知原告申请再审，但人民法院准许撤诉的裁定除外；

（六）依照法律规定，在一定期限内不得起诉的案件，在不得起诉的期限内起诉的，不予受理；

（七）判决不准离婚和调解和好的离婚案件，判决、调解维持收养关系的案件，没有新情况、新理由，原告在六个月内又起诉的，不予受理。

《中华人民共和国婚姻法》

第三十四条　女方在怀孕期间、分娩后一年内或中止妊娠后六个月内，男方不得提出离婚。女方提出离婚的，或人民法院认为确有必要受理男方离婚请求的，不在此限。

案　例

2006年2月原告刘某女和被告王某男经他人介绍相识，原告刘某觉得被告王某长得不错，家庭条件也还可以，同年5月二人办理结婚登记，并于2007年6月生下一个女儿。由于双方相识时间不长就结婚对于双方的生活习惯和生活方式没有真正适应，婚后刘某觉得王某和婚前性格差别有点大，二人也经常因为一些事情发生争吵。在刘某生育后本以为情况能有所改观，但是王某一家重男轻女思想严重，在刘某哺乳期内没进行相应照顾反而让其做这做那。为了缓和冲突给女儿一个健康的成长环境，刘某带着女儿到外地打工，刘王二人开始分居，王某找不到刘某因而到刘某父母家里闹，因此产生冲突。刘某决定与王某离婚，但是王某不同意，于是在2010年7月刘某向当地法院提出离婚诉讼，诉求和王某离婚，分割共同财产，女儿由自己抚养，被告王某支付抚养费。

法院经审理认为，原告刘某和被告王某二人系感情破裂，应准予离婚，夫妻共同财产按照均分的原则分配给二人，女儿由原告刘某进行抚养，被告王某需每个月支付抚养费600元。

第二章

物权与出租

房屋买卖必须依法登记才生效吗？

分析解读

首先需要了解什么是房屋买卖。房屋买卖本质上来说就是买卖合同，那合同生效的条件是什么？第一是买卖双方具有相应的民事行为能力，第二是双方意思表示真实，第三是合同不得违反法律、行政法规的强制性规定以及公序良俗。合同只要是符合这三个要求，合同自签订时成立生效，除非双方有另外约定。

其次是我们需要了解我国的不动产登记制度。房屋属于不动产，我国实行不动产统一登记制度，不动产所有权的变更、转让发生效力需要经过依法登记才能发生效力，未经过登记不发生效力。登记是房地产公示的一种方式，只有公示才能产生物权变更。如果不登记，房屋转让无效，但房地产转让合同仍然有效，但合同只产生债权债务关系。当事人之间订立房地产转让合同，除法律另有规定或者当事人另有约定外，自合同成立之日起生效；未办理物权登记的，不影响合同效力。

因此房屋买卖必须依法登记才能生效。

法条援引

《中华人民共和国民法典》

第一百四十三条　具备下列条件的民事法律行为有效：

（一）行为人具有相应的民事行为能力；

（二）意思表示真实；

（三）不违反法律、行政法规的强制性规定，不违背公序良俗。

第二百零九条 不动产物权的设立、变更、转让和消灭，经依法登记，发生效力；未经登记，不发生效力，但是法律另有规定的除外。

依法属于国家所有的自然资源，所有权可以不登记。

第二百一十五条 当事人之间订立有关设立、变更、转让和消灭不动产物权的合同，除法律另有规定或者当事人另有约定外，自合同成立时生效；未办理物权登记的，不影响合同效力。

第五百零二条 依法成立的合同，自成立时生效，但是法律另有规定或者当事人另有约定的除外。

依照法律、行政法规的规定，合同应当办理批准等手续的，依照其规定。未办理批准等手续影响合同生效的，不影响合同中履行报批等义务条款以及相关条款的效力。应当办理申请批准等手续的当事人未履行义务的，对方可以请求其承担违反该义务的责任。

依照法律、行政法规的规定，合同的变更、转让、解除等情形应当办理批准等手续的，适用前款规定。

案　例

2001年7月甲乙委托本市某房地产公司上市出售二人共有的房屋，10月丙经房屋中介公司介绍到该房屋看房，次日丙和甲签订协议。该协议写明甲丙经商定就房屋达成交易，价格为50万元人民币，2001年11月6日到房地产交易局办理过户手续，丙在当日需把50万元一次性全部转给甲，2001年11月6日之前甲不得再将房屋转卖给他人。2001年11月6日丙未出现在房地产交易局，也未向甲转账，2001年11月7日甲乙二人经房产中介介绍与他人签订买卖合同，并在2001年11月10日完成过户登记手续。丙得知后对甲提起诉讼。

一审法院认为，甲出卖房屋的行为虽然未经乙的同意，但是丙有理由相信甲有代理权，因此协议有效。由于原告丙未按约定于2001年11月6日到房地产交易局与甲进行交易，被告甲乙有权利继续委托房产公司继续售卖其房屋。被告甲乙的行为是在原告丙不履行时回绝自己的履行，属于行使同时履行抗辩权，应予支持。法院对原告认为被告没有依约履行将房屋出售给自己，应承担违约赔偿责任的请求不予支持。由于原告丙违约在先，被告只是行使同时履行抗辩权，即使原告有损失也应自行承担。因此，法院驳回原告的诉讼请求。

哪些情形下可以申请不动产预告登记？

分析解读

开发商进行期房买卖在当下社会越来越普遍，这有助于开发商快速回笼资金，加快当前项目的建设进度。任何事物都有两面性，有些不法开发商为了谋求利益进行一房两卖，那作为消费者应该怎么保护自己的合法权益呢？对于期房买卖，购买者可以通过预告登记的方式来使自己的权益得以保障。因此人们就需要了解什么是预告登记，哪些情形可以申请预告登记。

预告登记是指为了保护将来发生的不动产物权变动而进行的请求权的不动产登记。预告登记是将债权请求权进行登记，使得该请求权具有对抗第三人的效力，并使得妨害不动产登记请求权所做出的处分无效，从而保障将来实现不动产物权。预告登记的目的在于保全不动产物权变动的债权，根据担保债权的目的和对债权存在以及行使的依赖性，预告登记属于从属性权利，其随着债权的让与而进行转移，不能独立转让。

当事人签订买卖房屋或者其他不动产物权的协议，为保障将来实现物权，按照约定可以向登记机构申请预告登记。预告登记后，未经预告登记的权利人同意，处分该不动产的，不发生物权效力。比如在商品房预售中，购房者可以就尚未建成的住房进行预告登记，以制约开发商把已出售的住房再次出售或者进行抵押。预告登记也不是一直存在的，在预告登记后，债权消灭或者自能够进行不动产登记之日起三个月内未申请登记的，预告登记失效。

申请预告登记需要提交的材料有登记申请书、申请人的身份证明、已登记备案的商品房预售合同、当事人关于预告登记的约定以及其他必要材料。

当事人可以申请预告登记的情形：（一）预购商品房；（二）以预购的商品房进行抵押；（三）房屋所有权的转让和抵押；（四）法律法规规定的其他情形。

法条援引

《中华人民共和国民法典》

第二百二十一条　当事人签订买卖房屋的协议或者签订其他不动产物权的协议，为保障将来实现物权，按照约定可以向登记机构申请预告登记。预告登记后，未经预告登记的权利人同意，处分该不动产的，不发生物权效力。

预告登记后，债权消灭或者自能够进行不动产登记之日起九十日内未申请登记的，预告登记失效。

《最高人民法院关于适用〈中华人民共和国民法典〉有关担保制度的解释》

第五十二条 当事人办理抵押预告登记后，预告登记权利人请求就抵押财产优先受偿，经审查存在尚未办理建筑物所有权首次登记、预告登记的财产与办理建筑物所有权首次登记时的财产不一致、抵押预告登记已经失效等情形，导致不具备办理抵押登记条件的，人民法院不予支持；经审查已经办理建筑物所有权首次登记，且不存在预告登记失效等情形的，人民法院应予支持，并应当认定抵押权自预告登记之日起设立。

当事人办理了抵押预告登记，抵押人破产，经审查抵押财产属于破产财产，预告登记权利人主张就抵押财产优先受偿的，人民法院应当在受理破产申请时抵押财产的价值范围内予以支持，但是在人民法院受理破产申请前一年内，债务人对没有财产担保的债务设立抵押预告登记的除外。

案 例

2011年5月孙某与某房产开发公司签订商品房预售合同，双方约定该公司将某小区一套房卖给孙某。合同签订后，孙某按照约定交了首付款11万元，并于同年10月入住。虽然孙某已经入住，但是该房屋还未到约定的办理登记时间，为了保护自己的合法权益孙某于2012

年1月向房产登记机关提交身份证明、商品房预售合同、预告登记申请书等资料，申请办理预告登记。房产登记机关以暂无相关规定为由，作出复函不予受理孙某预告登记的请求。孙某认为房产登记机关损害了自己的合法权益因此向法院提起诉讼，请求房产机关撤销复函并受理自己预告登记的请求。

法院经审理认为，根据物权法规定当事人签订买卖房屋或者其他不动产的协议，为了保障将来物权的实现，按照约定当事人可以向房产登记机关申请预告登记，因此房产登记机关应受理孙某的预告登记申请。但是孙某申请预告登记时，未提过双方关于登记的约定，房产登记机关可以让其补齐材料再为其办理预告登记。

居民小区内车位的归属和使用是如何规定的？

分析解读

小区的车位目前来说分为两种，一种是地面车位，一种是地下车位。所谓地面车位是指设置在地表以划线分割方式表明的停车设施，根据我国民法典规定占用业主共有的道路或者其他场所用于停放汽车的车位属于业主共有，小区内的房屋所有人在购买房产后对于小区内的全部土地拥有共同的使用权。由于地面的停车位只是通过划线分割而成，如果对其使用产生的收益归全体业主所有，在现实生活中地面停车的使用人向业主委员会交纳使用费，该用费也只能用于小区全体业主。

而小区地下停车位是指开发商利用地下空间建造的停车位。业主

第二章 物权与出租

购买房屋，房屋相应的土地使用权也归属于业主，但是现实生活中地下停车位的面积是不算在业主购买的房屋面积里面，开发商在房屋买卖合同中约定停车位产权属于卖方应当是无效条款，地下停车位应属于小区业主共同拥有，开发商无权擅自进行处分。开发商或者是物业公司只能是在业主大会同意的前提下，得到委托将车位进行出租，出租所得收入归全体业主所有。

以上说的这两种车位属于非规划内的车位，因此属于全体业主所有。如果最初批准项目建设规划中有车位的规划，该车位是经规划部门批准，建造完成后可以办理产权登记，这种车位具有独立可分割性，建设单位可以通过出售、出租或者赠与等方式对车位作出明确的书面约定。目前多数商品房在销售时，开发商和购买者都会在合同中约定专门用来停放汽车的车位，通过出租、出售或附赠等方式，约定其归业主专有或专用。

法律援引

《中华人民共和国民法典》

第二百四十条　所有权人对自己的不动产或者动产，依法享有占有、使用、收益和处分的权利。

第二百七十五条　建筑区划内，规划用于停放汽车的车位、车库的归属，由当事人通过出售、附赠或者出租等方式约定。

占用业主共有的道路或者其他场地用于停放汽车的车位，属于业主共有。

第二百七十六条　建筑区划内，规划用于停放汽车的车位、车库应当首先满足业主的需要。

《物业管理条例》

第五十四条 利用物业共用部位、共用设施设备进行经营的，应当在征得相关业主、业主大会、物业服务企业的同意后，按照规定办理有关手续。业主所得收益应当主要用于补充专项维修资金，也可以按照业主大会的决定使用。

案　例

2002年上海市浦东区某小区将开发商诉至法院。因开发商对小区地下车位进行售卖，小区业主认为地下车位应属于全体业主所有，开发商无权处分。上海市浦东区人民法院受理浦东区某小区业主与开发商关于地下车位归属权一案，经审理判决认定该小区车位归全体业主所有，开发商无权售卖，开发商对于地下车位的销售属于重复销售，开发商自判决之日起十日内将小区地下车位管理权交由小区业主委员会，并由小区全体业主享有地下车位的权益。

合租时，合同没写自己的名字，出现纠纷怎么办？

分析解读

首先我们需要搞清楚房屋租赁合同中合租人没有签字，合同对其有无效力，这涉及一个委托代理权的问题。委托代理是指基于被代理人的委托授权而发生代理权的代理，代理人在代理权限内实施的行为，对被代理人产生同等的法律效力。合租人之一和房东签订合同，房东可以认为签订人是受到其他人的委托而进行的签订行为,所以签订人的行为会对全体合租人产生效力,因此即使其他合租人没有签字,租赁合同也会对其产生法律效力。但是如果其他合租人有证据证明签订人不具有委托代理权,那合同只对签订人产生效力。

合租时合同没写自己名字,出现纠纷应该怎么办?上面已经说到虽然没有签字但是合同同样对其有效力,出现纠纷时如果合同中有约定应按照约定进行解决。如果合同中没有约定的就双方进行协商,协商无果只能通过起诉的方式来解决纠纷。如果是签订人不具有委托代理权,而合同中又没有自己签字,出现纠纷后,你可能只剩下另租其他房子这条路,合同签订主体不是你,因此没有权利要求房东继续租赁。

法条援引

《中华人民共和国民法典》

第一百六十七条　代理人知道或者应当知道代理事项违法仍然实施代理行为,或者被代理人知道或者应当知道代理人的代理行为违法未作反对表示的,被代理人和代理人应当承担连带责任。

第一百六十八条　代理人不得以被代理人的名义与自己实施民事法律行为,但是被代理人同意或者追认的除外。

代理人不得以被代理人的名义与自己同时代理的其他人实施民事法律行为,但是被代理的双方同意或者追认的除外。

第一百七十一条　行为人没有代理权、超越代理权或者代理权终止后,仍然实施代理行为,未经被代理人追认的,对被代理人不发生效力。

相对人可以催告被代理人自收到通知之日起三十日内予以追认。被代理人未作表示的,视为拒绝追认。行为人实施的行为被追认前,善意相对人有撤销的权利。撤销应当以通知的方式作出。

行为人实施的行为未被追认的，善意相对人有权请求行为人履行债务或者就其受到的损害请求行为人赔偿。但是，赔偿的范围不得超过被代理人追认时相对人所能获得的利益。

相对人知道或者应当知道行为人无权代理的，相对人和行为人按照各自的过错承担责任。

案　例

来自山东的小明和来自山西的小亮是大学同学，就读于石家庄某大学，毕业后二人都选择在石家庄就业，因此合租于裕华区某小区，在签订房屋租赁合同时只有小明在合同上签字，租期为一年。在二人合租十个月后，小明家中发生变故只能回山东老家并且短期内不再回来。在房东知晓小明离开后，由于小亮平时比较邋遢要求其搬离。小亮认为房屋为二人合租自己有权继续租住。房东声称房屋租赁合同是和小明签订的与小亮无关，现在承租人不再继续租住，因此收回房屋。小亮不搬，闹至法院，最终法院支持房东行为，判决小亮限期搬离。

房东（中介）不退还租房押金，该怎么办？

分析解读

押金是指一方当事人将一定的费用存放在对方那里，以保证自己不会做出损害对方利益的行为，如果造成损害可以用此费用进行赔偿。双方之间的法律关系已经不存在并且其间不存在任何纠纷，那么押金应予以退回，但是如果存在违约行为，则押金不予退还。

当房屋租赁合同到期时，房东或者中介不退还租房押金首先要看租客在房屋租赁期间是否存在合同中约定的违约行为，如果存在，那押金可以不予退还。

如果是租客在房屋租赁期间不存在任何违约行为，在租赁合同到期后不续租，房东应退还押金，如果房东或者中介不予退还则属于违约行为，租客可以申请要回押金。我们可以通过以下方式：首先是和房东进行协商，如果协商不成可以向居委会或者物业寻求帮助进行协调；其次我们可以通过起诉的方式，房东恶意违反合同约定可以向法院申请退还押金或者根据合同约定支付违约金。如果是通过起诉的方式要求退还押金要注意保留相关证据，例如租赁合同已经到期、租赁期间不存在违约行为、房东不退还押金的事实等。

租客在面临押金不退还时，协商第一、起诉第二，以保护自己合法权益不受侵害。

法条援引

《中华人民共和国民法典》

第五百七十七条　当事人一方不履行合同义务或者履行合同义务不符合约定的，应当承担继续履行、采取补救措施或者赔偿损失等违约责任。

第五百七十八条　当事人一方明确表示或者以自己的行为表明不履行合同义务的，对方可以在履行期限届满前请求其承担违约责任。

第五百七十九条　当事人一方未支付价款、报酬、租金、利息，或者不履行其他金钱债务的，对方可以请求其支付。

第七百零四条 租赁合同的内容一般包括租赁物的名称、数量、用途、租赁期限、租金及其支付期限和方式、租赁物维修等条款。

第七百一十六条 承租人经出租人同意，可以将租赁物转租给第三人。承租人转租的，承租人与出租人之间的租赁合同继续有效；第三人造成租赁物损失的，承租人应当赔偿损失。

承租人未经出租人同意转租的，出租人可以解除合同。

第七百三十四条 租赁期限届满，承租人继续使用租赁物，出租人没有提出异议的，原租赁合同继续有效，但是租赁期限为不定期。

租赁期限届满，房屋承租人享有以同等条件优先承租的权利。

案 例

"90"后大学毕业生小富北漂到北京工作，在北京某小区租房屋一间，合同约定房租一个月2000元押金为一个月房租，在房屋租赁到期后予以退还，租期为一年，并约定如果双方退租应提前一个月通知对方。后来小富工作变动，因现在租房地址离公司太远需要重新租房，于是小富联系房东说明情况，房东因未找到后续租客不同意退租或者同意退租不退还押金。小富在和房东协商无果后，遂向法院提起诉讼。法院经审理认为，小富在房屋租赁期间不存在任何违约行为，并且在退租时按照合同约定提前和房东联系说明情况，房东不退租和不退还押金的行为属于违约行为，因此法院判决房东退还押金并解除双方的房屋租赁合同。房东不服判决，于是提出上诉，北京市中级人民法院受理后经审理认为，一审判决不存在问题，因此驳回房东上诉，维持原判。

法律对相邻权利人建造建筑物有哪些禁止性规定？

分析解读

要解决相邻权利人有可能侵害自己合法权益的问题，首先需要了解什么是相邻权。相邻权是指不动产所有人或者使用人在处理相邻关系时享有的权利，进一步解释来说是指在相互毗邻的所有人之间，任何一方合法合理行使自己的权利时，其他相邻方需要提供一定的便利条件或者受到一定的限制。相邻不仅仅只限于邻居之间，还包括相邻土地之间，甚至有些情况不是邻居的也可能会产生相邻权。

相邻权利人在建造建筑物时需要注意以下原则：建造建筑物时要遵循有利生产、方便生活、团结互助、公平合理的原则；建造建筑物时不能违反国家有关工程建设的标准，例如不能建造多层建筑，不能超过标准面积建造，不能擅自改变建造物的用途，应先经过规划许可再建造；建造后的建筑物不能影响相邻建筑的采光、通风和日照，建筑物之间要保持适当的距离；建造建筑物时要保证相邻不动产的安全。

法条援引

《中华人民共和国民法典》

第二百八十八条 不动产的相邻权利人应当按照有利生产、方便生活、团结互助、公平合理的原则，正确处理相邻关系。

第二百八十九条 法律、法规对处理相邻关系有规定的，依照其规定；法律、法规没有规定的，可以按照当地习惯。

第二百九十条 不动产权利人应当为相邻权利人用水、排水提供必要的便利。

对自然流水的利用，应当在不动产的相邻权利人之间合理分配。对自然流水的排放，应当尊重自然流向。

第二百九十一条 不动产权利人对相邻权利人因通行等必须利用其土地的，应当提供必要的便利。

第二百九十二条 不动产权利人因建造、修缮建筑物以及铺设电线、电缆、水管、暖气和燃气管线等必须利用相邻土地、建筑物的，该土地、建筑物的权利人应当提供必要的便利。

第二百九十三条 建造建筑物，不得违反国家有关工程建设标准，不得妨碍相邻建筑物的通风、采光和日照。

第二百九十四条 不动产权利人不得违反国家规定弃置固体废物，排放大气污染物、水污染物、土壤污染物、噪声、光辐射、电磁辐射等有害物质。

第二百九十五条 不动产权利人挖掘土地、建造建筑物、铺设管线以及安装设备等，不得危及相邻不动产的安全。

第二百九十六条 不动产权利人因用水、排水、通行、铺设管线等利用相邻不动产的，应当尽量避免对相邻的不动产权利人造成损害。

案 例

小郭和小姜是邻居，两家关系一直不错。小姜因为结婚想要在原来的宅基地上重新盖房子，而小姜在盖房子的过程中有一些行为引起了小郭的不满：小姜盖的是二层小楼，但是离小郭家距离太近严重影响其采光和日照；小姜家的排水也要经过小郭家，使得其出行极其不方便。小郭多次找到小姜协商此事希望其进行改进，小姜却充耳不闻我行我素，小郭无奈只能起诉至法院进行解决。法院经审理认为，小姜已经严重影响小郭的相邻权，因此判决小姜拆除已建部分，在合适距离重新建造房屋。

抵押期间，抵押人可以自由转让抵押财产吗？

分析解读

抵押权是指为了保证债务的履行，债务人或者第三人不需要转移占有财产，只是把财产抵押给债权人，如果债务人没有按时履行债务或者发生了约定的条件，债权人对于该财产有优先受偿权。

抵押财产在抵押期间，原则上可以自由转让，除非双方有特殊约定。抵押人如果要转让抵押财产需要提前通知抵押权人，同时转让财产行为不能损害抵押权人的权益，如果转让行为损害抵押权人的权益，抵押权人可以要求抵押人提前清偿债务。

如果抵押人违反约定转让抵押财产，需要承担相应的违约责任。抵押财产的受让人虽然取得抵押财产的所有权但是抵押权仍然存在，抵押权的债务人不发生变更。

抵押期间，允许抵押人自由转让抵押财产，从抵押担保的角度来看只是更换一个抵押人，抵押财产没有发生任何变化。抵押权的对象是物，抵押财产转让只是抵押财产的所有权人发生变更，抵押权并未因此发生变化。

法条援引

《中华人民共和国民法典》

第四百零六条 抵押期间，抵押人可以转让抵押财产。当事人另有约定的，按照其约定。抵押财产转让的，抵押权不受影响。

抵押人转让抵押财产的，应当及时通知抵押权人。抵押权人能够证明抵押财产转让可能损害抵押权的，可以请求抵押人将转让所得的价款向抵押权人提前清偿债务或者提存。转让的价款超过债权数额的部分归抵押人所有，不足部分由债务人清偿。

第四百零七条 抵押权不得与债权分离而单独转让或者作为其他债权的担保。债权转让的，担保该债权的抵押权一并转让，但是法律另有规定或者当事人另有约定的除外。

第四百零九条 抵押权人可以放弃抵押权或者抵押权的顺位。抵押权人与抵押人可以协议变更抵押权顺位以及被担保的债权数额等内容。但是，抵押权的变更未经其他抵押权人书面同意的，不得对其他抵押权人产生不利影响。

债务人以自己的财产设定抵押，抵押权人放弃该抵押权、抵押权顺位或者变更抵押权的，其他担保人在抵押权人丧失优先受偿权益的范围内免除担保责任，但是其他担保人承诺仍然提供担保的除外。

案 例

2019年10月，原告刘某和被告李某经过中介签订房屋买卖合同，合同中写明李某将沧州市新华区某小区房子售卖给刘某，刘某支付全部款项，李某把房子交付，刘某重修装修后使用。受疫情影响，双方未能及时办理过户手续。2020年5月开始，刘某多次联系李某到房产局办理过户手续，李某以自己忙为由拒绝。后查明在房屋买卖之前该房屋已经存在一个抵押权，刘某于是向新华区人民法院提起诉讼，要求将房屋变更登记到自己名下。法院经审理认为，房屋买卖合同是双方真实意愿不存在违法，合同有效。李某的行为属于抵押期间转让财产，法律规定抵押人在财产抵押期间可以自由转让抵押财产，因此转让行为有效。判决对刘某变更登记的诉求予以支持，李某应协助刘某在十五日内完成变更登记。

居住权必须经登记才能设立吗？

分析解读

居住权是指权利人按照合同约定或者遗嘱的方式，以满足生活居住为需要，在他人拥有所有权的住宅上设立的使用住宅的权利。居住权人对于房子享有使用权，以及使用权所带来的附属权利比如相邻权。居住权人在居住的前提下可以对房屋进行修缮，可以将房屋进行出租。

居住权设立需符合以下条件：首先是房屋所有权人才可以进行设立，其次是要用书面形式订立居住合同，然后是向登记机构申请居住权登记，最后是居住权设立应该是无偿的，当事人另有约定的除外。

居住权设立的必经程序是登记，居住权的设立一般以合同或者遗嘱的方式，这两种方式都需要以书面的形式。居住权设立适用以下情形：（一）结婚时可以要求对方为自己设立居住权，这样可以保护自己的权益，也可以避免房产证加名字带来的不愉快；（二）离婚时双方可以约定，房屋归一方所有另一方拥有居住权；（三）老人可用立遗嘱的方式为自己的老伴或者子女设立居住权,期限可以明确也可以为居住权人终身;(四)老人将自己的房子卖给银行或者金融机构,同时给自己设立居住权,这样老人可以实现用房子给自己养老。

居住权只能是居住人享有不得再转让或者继承。居住权设立后居住期限届满或者居住权人死亡后居住权消灭。居住权消灭后应及时办理居住权注销登记。

法条援引

《中华人民共和国民法典》

第三百六十六条 居住权人有权按照合同约定,对他人的住宅享有占有、使用的用益物权,以满足生活居住的需要。

第三百六十七条 设立居住权,当事人应当采用书面形式订立居住权合同。

居住权合同一般包括下列条款:

(一)当事人的姓名或者名称和住所;

(二)住宅的位置;

(三)居住的条件和要求;

(四)居住权期限;

(五)解决争议的方法。

第三百六十八条 居住权无偿设立,但是当事人另有约定的除外。设立居住权的,应当向登记机构申请居住权登记。居住权自登记时设立。

第三百六十九条 居住权不得转让、继承。设立居住权的住宅不得出租,但是当事人另有约定的除外。

第三百七十条 居住权期限届满或者居住权人死亡的,居住权消灭。居住权消灭的，应当及时办理注销登记。

第三百七十一条　以遗嘱方式设立居住权的，参照适用本章的有关规定。

案　例

西门和东方2020年办理结婚登记，西门为二婚，有一儿子，二人婚后未生育子女。西门深爱东方，想着自己百年之后自己的儿子可能不会好好对待东方，因此立下遗嘱，内容是自己名下位于某小区的房子归儿子所有，东方对于房子拥有居住权直到其去世，无论东方是否再婚。2022年西门因感染新型冠状病毒去世。西门之子一开始对待东方还可以，仍让其在房子居住。后西门之子谈对象加之东方"夕阳红"重新找到另一半，西门之子欲将东方赶出，二人爆发多次冲突。东方想起西门生前立的遗嘱，并向法院提起诉讼，要求自己的居住权。

法院经审理认为，该房屋归西门之子所有，但是东方通过遗嘱的方式获得居住权，根据民法典的相关规定判决东方胜诉，其对房屋享有居住权。

农村集体土地被征收会有哪些补偿？

分析解读

土地征收是指国家为了公共利益需要，根据法律规定的程序以及法律规定的权限把农民集体所有的土地转化成国有土地，并依法对被征收土地的农民和农村集体经济组织进行合理补偿和妥善安置。

农村集体土地被征收所给的补偿包括：（一）土地补偿费，这是对因征用农村集体土地造成经济损失的补偿；（二）青苗补偿费，这种费用是对因征收农村集体土地造成土地上青苗损毁的补偿；（三）附着物补偿费，这种费用是用于补偿因征收农村集体土地造成的土地上和房屋类设施损坏；（四）安置补助费，这种费用是用于补偿因征收农村集体土地造成富余劳动力无法工作造成的损失。

法条援引

《中华人民共和国宪法》

第十条 城市的土地属于国家所有。

农村和城市郊区的土地，除由法律规定属于国家所有的以外，属于集体所有；宅基地和自留地、自留山，也属于集体所有。

国家为了公共利益的需要，可以依照法律规定对土地实行征收或者征用并给予补偿。

任何组织或者个人不得侵占、买卖或者以其他形式非法转让土地。土地的使用权可以依照法律的规定转让。

一切使用土地的组织和个人必须合理地利用土地。

《中华人民共和国土地管理法》

第四十八条 征收土地应当给予公平、合理的补偿，保障被征地农民原有生活水平不降低、长远生计有保障。

征收土地应当依法及时足额支付土地补偿费、安置补助费以及农村村民住宅、其他地上附着物和青苗等的补偿费用，并安排被征地农民的社会保障费用。

征收农用地的土地补偿费、安置补助费标准由省、自治区、直辖市通过制定公布区片综合地价确定。制定区片综合地价应当综合考虑土地原用途、土地资源条件、土地产值、土地区位、土地供求关系、人口以及经济社会发展水平等因素，并至少每三年调整或者重新公布一次。

征收农用地以外的其他土地、地上附着物和青苗等的补偿标准，由省、自治区、直辖市制定。对其中的农村村民住宅，应当按照先补偿后搬迁、居住条件有改善的原则，尊重农村村民意愿，采取重新安排宅基地建房、提供安置房或者货币补偿等方式给予公平、合理的补偿，并对因征收造成的搬迁、临时安置等费用予以补偿，保障农村村民居住的权利和合法的住房财产权益。

县级以上地方人民政府应当将被征地农民纳入相应的养老等社会保障体系。被征地农民的社会保障费用主要用于符合条件的被征地农民的养老保险等社会保险缴费补贴。被征地农民社会保障费用的筹集、管理和使用办法，由省、自治区、直辖市制定。

案　例

原告李某在温州市乐清市有一处房子，总面积109平方米。2011年开始该地区进行农村房屋拆迁改造，该地区拆迁办发通知李某名下的房产在拆迁改造范围之中，根据改造要求其房屋应拆除，李某和拆迁部门未达成拆迁安置协议。在后续工作中，工作人员不清楚李某未和拆迁部门达成协议，将李某房屋进行拆除，李某得知后向法院提起诉讼要求进行赔偿。法院经审理认为，李某房屋被拆除属于行政违法，侵犯李某的合法权益，应给予赔偿，因房屋已经拆除无法进行评估价值，只能依据国家赔偿法相关规定赔偿李某60万元。

邻居（合租人）太吵，影响休息，可以主张权利吗？

分析解读

邻居或者合租人太吵影响休息，在法律上来说就是相邻权问题。相邻权是指不动产的所有人或者使用人在处理相邻关系时享有的权利。相邻权包含两个方面，一个是相邻不动产特定使用的权利如通行，另一个是限制相邻不动产使用人对其不动产为特定行为的权利如不影响他人休息。

邻里噪音影响休息属于邻里之间常见的矛盾，尤其是你的邻居如果有孩子。噪音扰民的认定，产生与环境不适应的噪声排放并且干扰到居民的生活，城市晚上十点到次日早上六点，生活区域声音在50分贝以上，可以被认定为扰民。如果邻居或者合租人太吵影响休息，可以主张权利。

遇到噪音扰民，我们应该怎样主张自己的权利？首先我们可以和邻居进行协商沟通，把对自己的影响告知。其次如果沟通起不到作用，可以申请公安机关介入，根据治安管理处罚法对于制造噪音的邻居进行警告，警告不改正可以进行200元以上500元以下罚款。最后是到法院进行起诉，要求邻居停止制造噪音并进行赔偿。诉讼要提供证据，例如邻居的侵权行为，自己有录音录像或者向有关部门的投诉记录；自己受到损害的事实；邻居的行为和自己受损害存在因果联系。在主张权利时要切记不能损害他人的合法权益。

法条援引

《中华人民共和国民法典》

第二百八十八条 不动产的相邻权利人应当按照有利生产、方便生活、团结互助、公平合理的原则，正确处理相邻关系。

第二百八十九条 法律、法规对处理相邻关系有规定的，依照其规定；法律、法规没有规定的，可以按照当地习惯。

第二百九十四条 不动产权利人不得违反国家规定弃置固体废物，排放大气污染物、水污染物、土壤污染物、噪声、光辐射、电磁辐射等有害物质。

第二百九十六条 不动产权利人因用水、排水、通行、铺设管线等利用相邻不动产的，应当尽量避免对相邻的不动产权利人造成损害。

《中华人民共和国治安管理处罚法》

第五十八条 违反关于社会生活噪声污染防治的法律规定，制造噪声干扰他人正常生活的，处警告；警告后不改正的，处二百元以上五百元以下罚款。

案例

张三和李四是上下楼邻居，李四在楼下每天都听到楼上声音不断,甚至早上五六点就听到楼上有人来回跑动的声音,晚上十一点多楼上音响的声音在楼下都能听清楚。李四无法忍受多次上楼找张三说明情况然而并没有任何效果,到医院检查诊断为轻微焦虑,于是向法院提起诉讼,要求张三停止侵害并赔偿自己损失1万元。张三辩称自己的声音没有达到噪音的标准,李四自己精神有问题属于被害妄想症,自己不应该承担任何责任。

法院经审理认为,李四提出张三侵害其相邻权,制造噪音影响其休息,根据李四提供的录音并没有超出影响有孩子家庭生活的分贝范围,李四目前的精神状态和张三之间不存在因果联系,因此判决驳回李四的诉讼请求。李四不服判决,提出上诉,二审法院认为一审判决不存在问题,驳回李四上诉请求,维持原判。

房东要求租户承担屋内设施的维修义务,是否合理?

分析解读

正常来说在房屋租赁合同中对于房东和租户的权利和义务都有明确规定,房屋内设施的维修义务一般来说是属于房东的。房东的维修义务也有一定的限制,首先来说房东的维修义务只限于房屋本身存在的问题,如果是因为租户的原因导致的则房东不承担。其次是维修义务建立在必须维修的前提下,如果房屋以及屋内设施不维修也可以继续使用，那房东可以选择不维修，反之房东应及时进行维修。最后是房屋要有维修的必要，如果房屋或者屋内设施已经损坏，通过维修无法恢复到原来能使用的状况或者可以恢复到原来状态但是维修费用远远大于物品的价值，房东可以选择不进行维修。

房东可以不用承担维修义务的情形有以下几种：房屋或者屋内设施损害是由租户造成的；不可抗力因素导致的房屋或者屋内设施损害例如洪水、地震等；房东和租户在租赁合同中有明确约定的其他情形。

当出现房东应履行维修义务的情形却不履行时，作为租户应该怎么办？租户可以先自己修理，因修理产生的费用找房东进行追偿。租户要注意保留证据，比如房屋或者屋内设施损坏情况、自己维修产生费用的单据等，必要时可以向法院提起诉讼解决。

综上所述，房东要求租户承担屋内设施的维修义务是不合理的，因为维修义务正常来说是属于房东的，除非损害是因为租户造成的。

法条援引

《中华人民共和国民法典》

第七百一十二条　出租人应当履行租赁物的维修义务，但是当事人另有约定的除外。

第七百一十三条　承租人在租赁物需要维修时可以请求出租人在合理期限内维修。出租人未履行维修义务的，承租人可以自行维修，维修费用由出租人负担。因维修租赁物影响承租人使用的，应当相应减少租金或者延长租期。

因承租人的过错致使租赁物需要维修的，出租人不承担前款规定的维修义务。

第七百一十四条 承租人应当妥善保管租赁物，因保管不善造成租赁物毁损、灭失的，应当承担赔偿责任。

第七百一十五条 承租人经出租人同意，可以对租赁物进行改善或者增设他物。

承租人未经出租人同意，对租赁物进行改善或者增设他物的，出租人可以请求承租人恢复原状或者赔偿损失。

案　例

房东小吕和租户小丁签订房屋租赁合同，约定租期一年，租金1600元一个月，实行押一付一，每月15日租户小丁向房东小吕支付房租，在合同到期后如果未发生房屋及屋内设施损害，房东小吕须返还租户小丁的押金。在房屋租赁期间，出现水龙头漏水、房屋门锁损坏、洗衣机不工作、空调不制冷等情况，租户小丁找房东小吕处理，但是房东小吕都置之不理，小丁无奈只能自己先行修理，先后共花费900元。在合同到期后小丁决定不再继续租住，向房东小吕提出退还押金以及自己支付的维修费用，房东小吕却表示屋内设施损坏是由于小丁，不仅不退还维修费用还要扣掉押金。多次协商无果，小丁只能向法院提起诉讼，要求房东小吕退还自己押金以及维修费用。

法院经审理后，根据《中华人民共和国民法典》第七百一十二条的规定，出租人应承担维修义务，双方另有约定的除外，本案中房东

一读就懂的法律维权课

小吕和租户小丁没有对此做出约定，因此维修义务应属于房东小吕。租户小丁支付的维修费用属于不维修设施无法使用，所以租户应向房东追偿。法院判决房东小吕退还租户小丁押金1600元，同时把维修费用全部返还给租户小丁。

第三章

理财与消费

信用卡套现违法吗?

分析解读

信用卡套现是指持卡人不是通过正常合法手段（ATM或柜台）提取现金，而通过其他手段将卡中信用额度内的资金以现金的方式套取，同时又不支付银行提现费用的行为。信用卡套现的危害是很大的，对于国家而言，套现行为会影响国家的金融秩序，例如可能会成为洗钱的工具；对于银行而言，信用卡没有任何担保或者抵押，银行承担着持卡人消费后逾期的风险；对于个人而言，套现后钱也是需要还的，如果还不上会产生利息和违约金以及对自己征信的影响。信用卡套现根据套现的金额和方式可能会涉及信用卡诈骗、非法集资等犯罪行为。

法条援引

《中华人民共和国刑法》

第一百九十六条　有下列情形之一，进行信用卡诈骗活动，数额较大的，处五年以下有期徒刑或者拘役，并处二万元以上二十万元以下罚金；数额巨大或者有其他严重情节的，处五年以上十年以下有期徒刑，并处五万元以上五十万元以下罚金；数额特别巨大或者有其他特别严重情节的，处十年以上有期徒刑或者无期徒刑，并处五万元以上五十万元以下罚金或者没收财产：

（一）使用伪造的信用卡，或者使用以虚假的身份证明骗领的信用卡的；

（二）使用作废的信用卡的；

（三）冒用他人信用卡的；

（四）恶意透支的。

前款所称恶意透支，是指持卡人以非法占有为目的，超过规定限额或者规定期限透支，并且经发卡银行催收后仍不归还的行为。

盗窃信用卡并使用的，依照本法第二百六十四条的规定定罪处罚。

第二百二十五条　违反国家规定，有下列非法经营行为之一，扰乱市场秩序，情节严重的，处五年以下有期徒刑或者拘役，并处或者单处违法所得一倍以上五倍以下罚金；情节特别严重的，处五年以上有期徒刑，并处违法所得一倍以上五倍以下罚金或者没收财产：

（一）未经许可经营法律、行政法规规定的专营、专卖物品或者其他限制买卖的物品的；

（二）买卖进出口许可证、进出口原产地证明以及其他法律、行政法规规定的经营许可证或者批准文件的；

（三）未经国家有关主管部门批准非法经营证券、期货、保险业务的，或者非法从事资金支付结算业务的；

（四）其他严重扰乱市场秩序的非法经营行为。

最高人民法院、最高人民检察院《关于办理妨害信用卡管理刑事案件具体应用法律若干问题的解释》

第七条　违反国家规定，使用销售点终端机具（POS机）等方法，以虚构交易、虚开价格、现金退货等方式向信用卡持卡人直接支付现金，情节严重的，应当依据刑法第二百二十五条的规定，以非法经营罪定罪处罚。

实施前款行为，数额在100万元以上的，或者造成金融机构资金20万元以上逾期未还的，或者造成金融机构经济损失10万元以上的，应当认定为刑法第二百二十五条规定的"情节严重"；数额在500万元以上的，或者造成金融机构资金100万元以上逾期未还的，或者造成金融机构经济损失50万元以上的，应当认定为刑法第二百二十五条规定的"情节特别严重"。

持卡人以非法占有为目的，采用上述方式恶意透支，应当追究刑事责任的，依照刑法第一百九十六条的规定，以信用卡诈骗罪定罪处罚。

案 例

2018年南京市江宁区公安机关刑侦大队收到群众的举报，雷某可能涉嫌利用POS机进行信用卡套现，于是刑侦大队展开调查，经过对雷某使用的POS机进行调查取证后发现其有涉嫌信用卡套现的事实。经过审查，雷某供述自己从2017年开始陆续办理6台POS机，对自己名下的8张信用卡进行虚假交易"养卡"，累计金额高达300万元。雷某的行为已经严重影响国家的金融秩序和银行信用卡管理，根据国家相关法律规定以信用卡诈骗罪对其进行立案追诉。

网上转账不小心转错人了怎么办？

分析解读

从法律上来说，网上转账不小心转错人，对方属于不当得利，应该予以退还。我们先要搞清楚什么是不当得利，不当得利是指一方没有合法根据获得利益而致使他方利益受到损失的事实，不当得利的受益人负有返还的义务。在日常生活中典型的不当得利情形有：路边买水果蔬菜多给钱或者多找钱，将路上拾到遗失物占为己有，公司发放工资时给两个重名的人误发等。构成不当得利的条件是一方取得财产收益一方受到损失，取得利益和损失之间要有因果联系。

从现实生活来说，出现网上转错人的概率并不大，因为在进行网银转账时名字和卡号要一致才能转账成功，且进行网上转账操作钱不会马上直接进入对方账户，银行系统会进行审核，这就给了我们发现并改正的机会。如果真的发生转错人的情况，我们应该进行如下的操作：首先是联系银行客服或者直接去银行说明情况中止转账行为，自己的转账记录无论是网上的还是在ATM机都要留好凭证；如果是未能及时中止，我们要想办法联系对方，要注意礼貌表达歉意，让对方谅解自己，通话时录音作为证据进行保留；如果是对方不和自己沟通或者我们无法联系上对方，我们可以到公安机关进行报案，申请协助，由公安机关出面调解或者帮忙联系对方，让其退还；如果公安机关调解不成，整理相关证据如转账凭证、和其沟通录音以及报警记录等，向法院提起诉讼，主张对方退还不当得利。

法条援引

《中华人民共和国民法典》

第一百二十二条　因他人没有法律根据，取得不当利益，受损失的人有权请求其返还不当利益。

第九百八十五条　得利人没有法律根据取得不当利益的，受损失的人可以请求得利人返还取得的利益，但是有下列情形之一的除外：

（一）为履行道德义务进行的给付；

（二）债务到期之前的清偿；

（三）明知无给付义务而进行的债务清偿。

第九百八十七条　得利人知道或者应当知道取得的利益没有法律根据的，受损失的人可以请求得利人返还其取得的利益并依法赔偿损失。

《中华人民共和国中国人民银行法》

第四条　中国人民银行履行下列职责：

（一）发布与履行其职责有关的命令和规章；

（二）依法制定和执行货币政策；

（三）发行人民币，管理人民币流通；

（四）监督管理银行间同业拆借市场和银行间债券市场；

（五）实施外汇管理，监督管理银行间外汇市场；

（六）监督管理黄金市场；

（七）持有、管理、经营国家外汇储备、黄金储备；

（八）经理国库；

（九）维护支付、清算系统的正常运行；

（十）指导、部署金融业反洗钱工作，负责反洗钱的资金监测；

（十一）负责金融业的统计、调查、分析和预测；

（十二）作为国家的中央银行，从事有关的国际金融活动；

（十三）国务院规定的其他职责。

中国人民银行为执行货币政策，可以依照本法第四章的有关规定从事金融业务活动。

案　例

小刘和小李之前是生意伙伴，经常有资金往来，后来因为小李提供的货物有一部分质量不达标，二人闹得很不愉快。小刘后来找到其他供货方，在一次采购货物中，因小刘未向财务说明，财务习惯性将货款10万元打入小李公司账户，事后才发现货款未打入指定账户。小刘于是联系小李说明情况，谁知小李竟然否认事实，并把小刘拉入黑名单，小刘见协商无果只能向法院提起诉讼。法院查明了小刘转错账的事实，认定小李属于不当得利负有返还义务，因此判决小李退还小刘10万元。

遭遇冒名网贷怎么办？

分析解读

从法律意义上来说，假冒他人名义进行网络借款行为应认定为诈骗。网贷诈骗是最近几年新兴起的一种诈骗方式，通过欺骗的手段，让被骗者进行网贷，从而获得他人钱财，常见的有整容贷、电信网贷、假冒App等。

一读就懂的法律维权课

　　如果我们遭遇冒名网贷应该怎么办呢？首先尽量保持冷静，仔细回想整个事情过程，有哪些可疑的地方；其次是收集保存证据，无论通话记录、聊天记录还是转账凭证全部要保存好；然后是到公安机关进行报警，把自己收集保存的证据全部交给公安机关，配合调查了解情况；最后是保护自己的财产，避免其受到二次损失，把银行卡交易密码以及支付宝、微信支付密码全部更改，联系银行客服看是否可以冻结自己的转账，并向借贷平台进行举报，防止再有他人被骗。

法条援引

《中华人民共和国刑法》

　　第一百九十三条　有下列情形之一，以非法占有为目的，诈骗银行或者其他金融机构的贷款，数额较大的，处五年以下有期徒刑或者拘役，并处二万元以上二十万元以下罚金；数额巨大或者有其他严重情节的，处五年以上十年以下有期徒刑，并处五万元以上五十万元以下罚金；数额特别巨大或者有其他特别严重情节的，处十年以上有期徒刑或者无期徒刑，并处五万元以上五十万元以下罚金或者没收财产：

　　（一）编造引进资金、项目等虚假理由的；

　　（二）使用虚假的经济合同的；

　　（三）使用虚假的证明文件的；

　　（四）使用虚假的产权证明作担保或者超出抵押物价值重复担保的；

　　（五）以其他方法诈骗贷款的。

《中华人民共和国居民身份证法》

　　第十七条　有下列行为之一的，由公安机关处二百元以上一千元以下罚款，或者处十日以下拘留，有违法所得的，没收违法所得：

　　（一）冒用他人居民身份证或者使用骗领的居民身份证的；

（二）购买、出售、使用伪造、变造的居民身份证的。

伪造、变造的居民身份证和骗领的居民身份证，由公安机关予以收缴。

第十八条 伪造、变造居民身份证的，依法追究刑事责任。

有本法第十六条、第十七条所列行为之一，从事犯罪活动的，依法追究刑事责任。

案　例

2021年7月吕先生因为生意需要资金周转在某网上借贷平台进行过咨询，后来手机上收到短信说其有借呗额度8万元，吕先生了解到借呗是支付宝平台的一项业务，既然属于正规渠道应该不会存在问题，于是点击短信链接进行相关操作。操作显示需要重新下载支付宝进行登录，吕先生没有多想就按提示进行操作下载并登录然后实名认证，完成后显示自己确实有8万元额度，遂想把8万元提现到自己银行卡，输入银行卡号后显示输入有误，卡已经被冻结。吕先生联系"客服"说明情况，"客服"告知需要根据自己的提示进行操作，通过支付宝转账功能转到指定银行账户3万元后系统就会自动解除冻结。吕先生根据"客服"提供的卡号完成操作，但是自己还是无法提现。于是再次联系"客服"，"客服"表示还需要再进行一笔2万元转账，这时吕先生意识到自己可能被骗，联系银行客服查询自己的银行卡并未冻结，再次联系"客服"时发现对方已经将其拉黑。吕先生到公安机关报案，工作人员表示最近经常有人遭遇类似事情后来报警。在此呼吁广大群众提高警惕。

私房钱属于夫妻共同财产吗？

> **分析解读**

　　搞清楚私房钱是否属于夫妻共同财产，先要明白什么是私房钱，什么是夫妻共同财产。私房钱是指家庭财产实现共同制的情况下，一般是夫妻双方中的一方私自藏起来的钱，也可以是孩子藏起来的钱。夫妻共同财产是指婚姻关系存续期间，夫妻二人所获得的由我国民法典规定的财产，夫妻共同财产由夫妻共同拥有，夫妻对财产有平等的处理权。夫妻共同财产包括工资、奖金等劳动报酬，生产经营所得，知识产权收益，继承的财产，受赠的财产等。

　　私房钱是否属于夫妻共同财产，首先要看夫妻双方的约定，有约定以约定为准，如果没有约定那要看私房钱获得时间是在婚姻关系存续期间还是之前。如果是婚姻关系存续期间所得的财产收益则私房钱应认定为夫妻共同财产，如果私房钱是在婚前所得财产或者因为人身损害获得的赔偿那就不能认定为夫妻共同财产。

> **法条援引**

《中华人民共和国民法典》

　　第一千零六十二条　夫妻在婚姻关系存续期间所得的下列财产，为夫妻的共同财产，归夫妻共同所有：

　　（一）工资、奖金、劳务报酬；

（二）生产、经营、投资的收益；

（三）知识产权的收益；

（四）继承或者受赠的财产，但是本法第一千零六十三条第三项规定的除外；

（五）其他应当归共同所有的财产。

夫妻对共同财产，有平等的处理权。

第一千零六十三条 下列财产为夫妻一方的个人财产：

（一）一方的婚前财产；

（二）一方因受到人身损害获得的赔偿或者补偿；

（三）遗嘱或者赠与合同中确定只归一方的财产；

（四）一方专用的生活用品；

（五）其他应当归一方的财产。

第一千零六十五条 男女双方可以约定婚姻关系存续期间所得的财产以及婚前财产归各自所有、共同所有或者部分各自所有、部分共同所有。约定应当采用书面形式。没有约定或者约定不明确的，适用本法第一千零六十二条、第一千零六十三条的规定。

夫妻对婚姻关系存续期间所得的财产以及婚前财产的约定，对双方具有法律约束力。

夫妻对婚姻关系存续期间所得的财产约定归各自所有，夫或者妻一方对外所负的债务，相对人知道该约定的，以夫或者妻一方的个人财产清偿。

案 例

小梁和小祝二人2011年6月结婚，小梁为了改善家庭生活出国打工，一年在国内最多待一个月，长此以往二人的感情开始出现问题。2015年3月小祝决定和小梁协议离婚，小梁无奈只得同意。在办理离婚期间小祝发现小梁竟然藏有私房钱6万元，认为私房钱是婚姻存续期间所得属于夫妻共同财产因而要求分割，小梁谎称钱是自己婚前所得不是夫妻共同财产。小祝于是向法院提起诉讼，诉求私房钱属于夫妻共同财产并予以分割。法院受理后查明，私房钱是小梁在婚姻存续期间投资所得，并非小梁所称是婚前财产，根据我国民法典规定判决如下：私房钱是婚姻存续期间所得属于夫妻共同财产，现在二人离婚应对其进行分割，一人分3万元。小梁不服提出上诉，并提交赠与合同作为证据，以证明私房钱为婚前所得。二审法院经审理发现赠与合同系小梁伪造因此证据不予采纳，驳回上诉，维持原判。

不知情的情况下，身份证被办理信用卡，是否影响征信？

分析解读

个人征信是指依法设立的个人信用征信机构对个人信息进行采集加工并可以供用户进行查询。可能会对个人征信产生影响的因素包括：信用卡使用后未按规定时间和金额进行还款，在银行贷款后出现逾期，个人名下有多张信用卡或者有多笔贷款等。在本人不知情的情况下，他人利用自己身份信息办理信用卡，要看信用卡办理下来之后是否被激活使用，一般来说信用卡需要本人实名认证才可激活，但是有不法分子会通过特殊方式来激活卡片，一旦信用卡被激活并使用，可能会因此产生逾期，如果信用卡逾期欠款未处理会影响个人征信。

我们发现有人利用自己身份信息办理信用卡应该怎么办？首先我们要联系银行，无论是通过电话联系银行客服还是到银行柜台都可，申请把卡片注销，防止被他人盗刷。如果卡片已经使用，金额较小则自己先把欠款结清，防止因信用卡逾期影响自己征信。如果金额较大自己无法承受，我们可以到公安机关进行报案，并找银行调取信用卡办理及开卡资料，如能证明信用卡确系伪办冒办，可以向银行申请自己不承担欠款金额并消除自己信用卡逾期记录。

法条援引

《中华人民共和国居民身份证法》

第十三条　公民从事有关活动，需要证明身份的，有权使用居民身份证证明身份，有关单位及其工作人员不得拒绝。

有关单位及其工作人员对履行职责或者提供服务过程中获得的居民身份证记载的公民个人信息，应当予以保密。

第十四条　有下列情形之一的，公民应当出示居民身份证证明身份：

（一）常住户口登记项目变更；

（二）兵役登记；

（三）婚姻登记、收养登记；

（四）申请办理出境手续；

（五）法律、行政法规规定需要用居民身份证证明身份的其他情形。

依照本法规定未取得居民身份证的公民，从事前款规定的有关活动，可以使用符合国家规定的其他证明方式证明身份。

《最高人民法院、最高人民检察院关于办理妨害信用卡管理刑事案件具体应用法律若干问题的解释》

第三条　窃取、收买、非法提供他人信用卡信息资料，足以伪造可进行交易的信用卡，或者足以使他人以信用卡持卡人名义进行交易，涉及信用卡1张以上不满5张的，依照刑法第一百七十七条之一第二款的规定，以窃取、收买、非法提供信用卡信息罪定罪处罚；涉及信用卡5张以上的，应当认定为刑法第一百七十七条之一第一款规定的"数量巨大"。

案　例

杨先生是河北省邢台人，经营一家建筑材料公司，2013年4月5日农业银行联系杨先生称其在农业银行办理的信用卡已经产生逾期，逾期金额6万元，杨先生称自己从来没有办过任何银行的信用卡，于是到当地农业银行进行查询。银行调取资料发现，有人在2011年11月利用杨先生身份信息办理农业银行信用卡。杨先生向当地公安机关报案，经过核实信用卡属于冒办，本以为事情就此结束，但是农业银行认为卡在杨先生名下其需要承担违约责任。杨先生因为生意需要资金来银行办理贷款，但是现在因他人利用自己身份信息办理信用卡产生逾期导致征信受到影响，银行不再给自己贷款，于是杨先生向法院提起诉讼，要求当地农业银行注销自己名下信用卡，自己不承担逾期金额并要求消除自己的逾期记录。法院经审理认为信用卡确实属于冒办，杨先生不承担违约责任，银行应注销卡片并消除逾期记录。

快递员未经收件人同意，私自将快递放在代收点，如何处理？

分析解读

代收点是指物流公司或者快递公司指定的收发快递的网点，提供代收快递或者代发快递服务，其存在的目的是在收件人收件不方便签收时进行代收然后等待收件人前来自取。但是现在的快递员是只要收件人附近有代收点，不联系收件人不管其是否在家，也不征求收件人同意就私自把快件放在代收点，做得更过分的快递员甚至不进行告知，因此会导致收件人重要物品的丢失或者生鲜类物品腐烂。

快递暂行条例中有规定快递员应将快件投递到约定地址，联系收件人或者收件人指定的代收人，并由收件人或者指定人进行当面验收，因此快递员未经同意将快件私自放在代收点属于违规行为。那我们面对这种情况应该怎么办？首先联系快递员让其给自己派件上门，如果快递员不进行处理，我们可以联系其所属快递公司进行反馈投诉；其次，我们可以联系卖家，让其催促快递员上门派送；最后是我们通过起诉的方式维护权益，前提是我们受到经济损失，例如因被放在代收点自己的贵重物品丢失或者一些不易长时间保存的物品损坏。

一读就懂的法律维权课

> 法条援引

《快递暂行条例》

第二十五条 经营快递业务的企业应当将快件投递到约定的收件地址、收件人或者收件人指定的代收人，并告知收件人或代收人当面验收。收件人或者代收人有权当面验收。

《中华人民共和国民法典》

第五百一十二条 通过互联网等信息网络订立的电子合同的标的为交付商品并采用快递物流方式交付的，收货人的签收时间为交付时间。电子合同的标的为提供服务的，生成的电子凭证或者实物凭证中载明的时间为提供服务时间；前述凭证没有载明时间或者载明时间与实际提供服务时间不一致的，以实际提供服务的时间为准。

电子合同的标的物为采用在线传输方式交付的，合同标的物进入对方当事人指定的特定系统且能够检索识别的时间为交付时间。

电子合同当事人对交付商品或者提供服务的方式、时间另有约定的，按照其约定。

第六百零四条 标的物毁损、灭失的风险，在标的物交付之前由出卖人承担，交付之后由买受人承担，但是法律另有规定或者当事人另有约定的除外。

> 案 例

家住河北省衡水市某小区的李女士，在双十一活动中抢到不少好东西，就当她在家中坐等收快递，打算享受拆快递的快乐时却发现自己的快递迟迟未送达，于是李女士打开淘宝查询自己快递信息发现自己的快递昨天就已经签收。李女士联系快递员被告知快递放在小区对面的代收点，代收点和小区虽然只是隔了一条马路，但是中间有栏杆需要绕行一个来回起码半个小时，并且代收晚上七点就关门，自己和爱人八点才下班，根本就无法取快递。李女士联系快递员说明情况，快递员称他们都是这样处理快件的——放在代收点然后收件人自取。沟通无果后，李女士向快递员所在快递公司进行投诉，快递公司客服受理后，经了解认为快递员属于违规行为，对其提出批评并进行罚款，要求以后再有快件应该先联系收件人，在收件人同意后才能放在代收点，如果以后再出现类似情况将会对其作开除处理。快递员在受到公司的惩罚后，联系李女士赔礼道歉，并把快件送至家中。

重要资料邮寄丢失，快递怎么赔付？

分析解读

邮件丢失我们找快递公司要求赔付，毫无疑问，快递肯定是要承担赔付责任，那具体应该怎样进行赔付？首先看用户和快递公司之间有没有约定，有约定按照双方约定进行赔付，如果是没有约定，有保价的邮件按照邮件保价额赔付，全部损毁赔付全部，部分损毁赔付部分；没有保价的邮件，按照实际损失赔付，最高赔付金额不超过收取费用的三倍。如果是邮寄重要物品或者是价值比较大的物品，应先进行保价，这样可以最大限度地保护自己的财产，在没有进行保价的情况下，可以通过提供物品实际价值证明，这种情况快递也是认的。

邮件丢失快递公司不承担责任的情形如下：因为不可抗力例如地震、洪水等导致邮件毁灭；邮件自身属性导致例如气体在运输过程中会挥发；因为收货人的原因导致的例如收货人在知道邮件已经到达不及时领取。

我们在使用快递邮寄物品时，要认真阅读快递公司提供的运单契约条款，在邮寄贵重物品时选择保价服务并声明物品价值，保留好快递单号、证明物品价值的单据，以确保邮寄物品出现问题时可以更好地保护自己的合法权益。

法条援引

《中华人民共和国邮政法》

第四十七条　邮政企业对给据邮件的损失依照下列规定赔偿：

（一）保价的给据邮件丢失或者全部损毁的，按照保价额赔偿；部分损毁或者内件短少的，按照保价额与邮件全部价值的比例对邮件的实际损失予以赔偿。

（二）未保价的给据邮件丢失、损毁或者内件短少的，按照实际损失赔偿，但最高赔偿额不超过所收取资费的三倍；挂号信件丢失、损毁的，按照所收取资费的三倍予以赔偿。

邮政企业应当在营业场所的告示中和提供给用户的给据邮件单据上，以足以引起用户注意的方式载明前款规定。

邮政企业因故意或者重大过失造成给据邮件损失，或者未履行前款规定义务的，无权援用本条第一款的规定限制赔偿责任。

《快递暂行条例》

第二十七条　快件延误、丢失、损毁或者内件短少的，对保价的快件，应当按照经营快递业务的企业与寄件人约定的保价规则确定赔偿责任；对未保价的快件，依照民事法律的有关规定确定赔偿责任。

国家鼓励保险公司开发快件损失赔偿责任险种，鼓励经营快递业务的企业投保。

> **案　例**

2021年9月24日苹果13上市，江苏省南京市的陈女士在网上购买该手机，卖家当天通过顺丰发货。正常物流运输最多三天就能收到，陈女士在自己购买第五天仍未收到手机，于是联系顺丰快递，经顺丰快递客服查询该货物已经签收，陈女士表示自己并未收到，后调查了解到物流信息为快递员做的虚假签收，实际邮件不知什么原因已经丢失。陈女士向顺丰公司进行索赔，顺丰公司称邮寄未进行保价赔付只能按收取费用的三倍，陈女士提供邮件中物品价值的单据证明其价值，顺丰公司核实后按照物品价值进行赔付。

孩子能否自由支配压岁钱？

> **分析解读**

压岁钱属于长辈对晚辈的一种赠与，压岁钱归孩子所有这个毫无疑问，但是孩子能不能随意消费或者支配，主要取决于他的年龄。不满八周岁的未成年人，压岁钱由父母代为支配；已满八周岁未满十八周岁，支配压岁钱只能是实施和其年龄智力相对应的行为，例如去超市买点零食或者自己买件衣服以及买上学需要的文具等，但是像购买大件用品或者其他大额消费行为，需要经过父母的同意或者是事后进行追认其行为有效；年满十八周岁可以自由支配压岁钱。

法条援引

《中华人民共和国民法典》

第十九条　八周岁以上的未成年人为限制民事行为能力人,实施民事法律行为由其法定代理人代理或者经其法定代理人同意、追认;但是,可以独立实施纯获利益的民事法律行为或者与其年龄、智力相适应的民事法律行为。

第三十五条　监护人应当按照最有利于被监护人的原则履行监护职责。监护人除为维护被监护人利益外,不得处分被监护人的财产。

未成年人的监护人履行监护职责,在作出与被监护人利益有关的决定时,应当根据被监护人的年龄和智力状况,尊重被监护人的真实意愿。

成年人的监护人履行监护职责,应当最大程度地尊重被监护人的真实意愿,保障并协助被监护人实施与其智力、精神健康状况相适应的民事法律行为。对被监护人有能力独立处理的事务,监护人不得干涉。

第六百五十七条　赠与合同是赠与人将自己的财产无偿给予受赠人,受赠人表示接受赠与的合同。

第六百五十八条　赠与人在赠与财产的权利转移之前可以撤销赠与。

经过公证的赠与合同或者依法不得撤销的具有救灾、扶贫、助残等公益、道德义务性质的赠与合同,不适用前款规定。

《中华人民共和国未成年人保护法》

第十六条　未成年人的父母或者其他监护人应当履行下列监护职责:

(一)为未成年人提供生活、健康、安全等方面的保障;

(二)关注未成年人的生理、心理状况和情感需求;

(三)教育和引导未成年人遵纪守法、勤俭节约,养成良好的思想品德和行为习惯;

(四)对未成年人进行安全教育,提高未成年人的自我保护意识和能力;

（五）尊重未成年人受教育的权利，保障适龄未成年人依法接受并完成义务教育；

（六）保障未成年人休息、娱乐和体育锻炼的时间，引导未成年人进行有益身心健康的活动；

（七）妥善管理和保护未成年人的财产；

（八）依法代理未成年人实施民事法律行为；

（九）预防和制止未成年人的不良行为和违法犯罪行为，并进行合理管教；

（十）其他应当履行的监护职责。

案 例

对于来自北京市的 10 岁小朋友钱某，2022 年又是收获的一年，压岁钱累计收到 5000 元。钱小朋友开始了对压岁钱的规划，他觉得爷爷奶奶年纪大了，腿脚不方便，决定买一辆价值 3000 元的老年代步车送给爷爷奶奶，正月十五过后就在当地买了一辆。其父母知道后向店里说明情况，钱某只有 10 岁属于限制行为能力人，他不能对自己购买车辆的行为负责，需要父母对他行为的追认，但是父母未对其行为追认选择把车辆退回，并支付店里运输车辆的费用。

特价商品或赠品有质量问题能退换吗？

分析解读

特价商品或者赠品是商家为了宣传使用的一种手段和宣传方式，

一读就懂的法律维权课

其目的是吸引消费者购买正品,这种方式可以增加商家的销售量。正常使用产品是消费者的权利,生产者、销售者的义务是保障消费者该权利的实现,赠品也是销售者提供的商品,其质量也必须合格,商家提供的赠品不能是不合格或者假冒伪劣产品。因此商家提供的不论是正品还是赠品只要是质量存在问题,消费者就有权利要求退换或者赔偿,适用退一赔三,也就是说消费者最高可获得支付费用的三倍赔偿。

赠品属于商家给消费者的赠与,这没错,但是这种赠与行为是附带义务的赠与,附带的义务是保障消费者可以正常使用商品,当赠与的产品有瑕疵时,赠与人及商家要在附带义务的限度内承担赔偿责任。所赠物品与承诺的不符,属于欺诈,商家开展促销活动不能降低促销商品的质量和售后服务,不能将不合格的商品作为赠品,如果消费者发现质量问题可以要求商家赔偿。

法条援引

《中华人民共和国消费者权益保护法》

第二十三条 经营者应当保证在正常使用商品或者接受服务的情况下其提供的商品或者服务应当具有的质量、性能、用途和有效期限;但消费者在购买该商品或者接受该服务前已经知道其存在瑕疵,且存在该瑕疵不违反法律强制性规定的除外。

经营者以广告、产品说明、实物样品或者其他方式表明商品或者服务的质量状况的,应当保证其提供的商品或者服务的实际质量与表明的质量状况相符。

经营者提供的机动车、计算机、电视机、电冰箱、空调器、洗衣机等耐用商品或者装饰装修等服务,消费者自接受商品或者服务之日起六个月内发现瑕疵,发生争议的,由经营者承担有关瑕疵的举证责任。

第二十四条 经营者提供的商品或者服务不符合质量要求的,消费者可以依照国家规定、当事人约定退货，或者要求经营者履行更换、修理等义务。没有国家规定和当事人约定的，消费者可以自收到商品之日起七日内退货；七日后符合法定解除合同条件的，消费者可以及时退货，不符合法定解除合同条件的，可以要求经营者履行更换、修理等义务。

依照前款规定进行退货、更换、修理的，经营者应当承担运输等必要费用。

《中华人民共和国民法典》

第六百六十一条　赠与可以附义务。

赠与附义务的，受赠人应当按照约定履行义务。

第六百六十二条　赠与的财产有瑕疵的，赠与人不承担责任。附义务的赠与，赠与的财产有瑕疵的，赠与人在附义务的限度内承担与出卖人相同的责任。

赠与人故意不告知瑕疵或者保证无瑕疵，造成受赠人损失的，应当承担赔偿责任。

案　例

2019年11月张某装修新购买的房子，在当地装饰城某家具公司购买床和衣柜。一张床带床垫以及两个床头柜还有一个三开门衣柜，一套原价11000元双十一活动价8000元，张某付清款项，由于家具公司忙直到12月才送货上门。张某收到后发现床垫有一股异味，人躺在床上面一翻身就咯吱响，最严重的是衣柜门关不严，于是找到家具公司要求更换，家具公司认为这是特价商品不予退换，张某和家具公司协商无果，因此向法院提起诉讼，要求换新或者退还货款。法院经审理认为，张某购买的商品确实存在质量问题，虽然张某购买的是特价商品，但是特价商品和原价商品一样需要同等质量，根据消费者权益保护法规定经营者提供的产品不符合质量要求，消费者可以在七日内申请退货。法院判决支持张某诉求，家具公司对商品进行更换或者退还货款，最终家具公司对商品进行换新。

拍完写真，商家不同意交底片怎么办？

分析解读

拍完写真，商家不同意交底片是不合法的，在法律上来说涉及的是著作权归属问题。著作权也被称作版权，是指自然人、法人或者其他组织对文学、艺术和科学作品享有的财产权利和精神权利的总称。著作权归属一般来说是属于作者所有，但是代表法人或者其他组织意志创作，并由法人或者其他组织承担责任的作品，著作权归法人或者其他组织；受委托创作的作品著作权属于受托人。写真属于受委托创作的作品，在现实生活中照相馆和消费者也不签合同来规定著作权的归属，因此写真的著作权属于受托人及消费者所有，消费者只需要支付照相馆付出劳动的费用，底片不用支付任何费用也是属于自己的。

有的照相馆和消费者约定底片归自己所有，但是根据消费者权益保护法规定，经营者不得做出对消费者不公平不合理的规定，或者减轻、免除自己因对消费者合法权益侵害承担的责任，约定内容无效，因此商家不给底片是违法的。

商家不给底片我们首先和其协商，协商无果可以向工商部门投诉，其次可以通过消费者协会，最后可以通过起诉的方式。

法条援引

《中华人民共和国消费者权益保护法》

第二十四条 经营者提供的商品或者服务不符合质量要求的，消费者可以依照国家规定、当事人约定退货，或者要求经营者履行更换、修理等义务。没有国家规定和当事人约定的，消费者可以自收到商品之日起七日内退货；七日后符合法定解除合同条件的，消费者可以及时退货，不符合法定解除合同条件的，可以要求经营者履行更换、修理等义务。

依照前款规定进行退货、更换、修理的，经营者应当承担运输等必要费用。

第三十九条 消费者和经营者发生消费者权益争议的，可以通过下列途径解决：

（一）与经营者协商和解；

（二）请求消费者协会或者依法成立的其他调解组织调解；

（三）向有关行政部门投诉；

（四）根据与经营者达成的仲裁协议提请仲裁机构仲裁；

（五）向人民法院提起诉讼。

《中华人民共和国著作权法》

第十九条 受委托创作的作品，著作权的归属由委托人和受托人通过合同约定。合同未作明确约定或者没有订立合同的，著作权属于受托人。

第二十条 作品原件所有权的转移，不改变作品著作权的归属，但美术、摄影作品原件的展览权由原件所有人享有。

作者将未发表的美术、摄影作品的原件所有权转让给他人，受让人展览该原件不构成对作者发表权的侵犯。

一读就懂的法律维权课

> **案　例**

山东省济南市莫女士在网上为孩子团购了99元拍摄套餐，套餐包括十张照片和一个摆台，拍摄很顺利，莫女士带着孩子打扮得十分漂亮，拍的照片也很好看。照相馆修好照片后通知莫女士来选照片，先是给看了孩子的照片还特意做了一个小视频，在莫女士选完十一张照片后却被告知需要支付每张照片30元，莫女士声称套餐内容包含十一张照片，照相馆人员称十张照片只能给电子版，摆台可以给。莫女士感觉上当受骗，提出自己可以不要照片，但是要把全部电子版给自己，照相馆不同意，莫女士向市场监督管理局寻求帮助。市场监督管理局工作人员进行调解，莫女士确实未向照相馆问清楚套餐内容，但是照片的著作权属于莫女士的孩子由莫女士代理，照相馆无权拥有照片底片，最终双方在工作人员调解下达成和解，莫女士拿走摆台和全部照片底片，照相馆不得存有底片。

在超市买到过期或有质量问题的商品怎么办？

> **分析解读**

过期商品一般以食品过期为主要对象，超市销售过期商品属于违法行为，超市作为食品销售者应按照保障食品安全要求存储，定期检查销售食品，及时清理过期食品，这些都是超市应承担的义务。

如果是在超市购买的商品过期或者质量有问题，解决方法有：（一）保留购物小票找超市进行协商，可以退掉商品或者超市进行退款；（二）可以向消费者权益协会寻求帮助；（三）向工商部门投诉超市；（四）向法院起诉超市。

> **法条援引**

《中华人民共和国消费者权益保护法》

第四十九条 经营者提供商品或者服务，造成消费者或者其他受害人人身伤害的，应当赔偿医疗费、护理费、交通费等为治疗和康复支出的合理费用，以及因误工减少的收入。造成残疾的，还应当赔偿残疾生活辅助具费和残疾赔偿金。造成死亡的，还应当赔偿丧葬费和死亡赔偿金。

第五十一条 经营者有侮辱诽谤、搜查身体、侵犯人身自由等侵害消费者或者其他受害人人身权益的行为，造成严重精神损害的，受害人可以要求精神损害赔偿。

第五十五条 经营者提供商品或者服务有欺诈行为的，应当按照消费者的要求增加赔偿其受到的损失，增加赔偿的金额为消费者购买商品的价款或者接受服务的费用的三倍；增加赔偿的金额不足五百元的，为五百元。法律另有规定的，依照其规定。

经营者明知商品或者服务存在缺陷，仍然向消费者提供，造成消费者或者其他受害人死亡或者健康严重损害的，受害人有权要求经营者依照本法第四十九条、第五十一条等法律规定赔偿损失，并有权要求所受损失二倍以下的惩罚性赔偿。

《中华人民共和国食品安全法》

第一百四十八条 消费者因不符合食品安全标准的食品受到损害的，可以向经营者要求赔偿损失，也可以向生产者要求赔偿损失。接到消费者赔偿要求的生产经营者，应当实行首负责任制，先行赔付，不得推诿；属于生产者责任的，经营者赔偿后有权向生产者追偿；属于经营者责任的，生产者赔偿后有权向经营者追偿。

生产不符合食品安全标准的食品或者经营明知是不符合食品安全标准的食品，消费者除要求赔偿损失外，还可以向生产者或者经营者要求支付价款十倍或者损失三倍的赔偿金；增加赔偿的金额不足一千元的，为一千元。但是，食品的标签、说明书存在不影响食品安全且不会对消费者造成误导的瑕疵的除外。

案　例

2020年5月周某在南京市江宁区某超市购买两袋火腿肠消费39元，回家后发现生产日期是2019年3月，保质期为一年，已经过期两个月，于是找到超市进行协商。周某要求退货退款并赔偿2000元，超市同意退货退款但是不同意赔偿，周某向江宁区市场监督部门进行投诉。市场监督工作人员经调查发现，商品过期情况属实，对其进行罚款5000元。周某认为超市工作人员态度恶劣给自己造成精神上损失，遂向江宁区人民法院提起诉讼，要求退还自己购物金额39元，赔偿自己精神损失2000元，法院审理发现超市销售过期商品确属事实，对于精神损失赔偿进行调解，经过法官的劝说双方和解，超市退还周某购物款39元以及赔偿精神损失费用1200元，该案顺利结案。

办理各种会员卡还没到期，店铺消失了怎么办？

分析解读

会员卡又被称为预付性消费，是指消费者预先支付费用，商家给消费者办理会员卡，消费者凭会员卡进行消费。商家推出会员卡让会员进行预存，在法律上来说是属于以预收款方式提供商品，如果门店倒闭，消费者有权要求商家退回会员卡中预付的金额。

那如果我们办理的会员未到期，店铺倒闭，我们可以通过以下几种方式来维护自己的合法权益：首先能不能联系上商家，如果可以，协商退还自己会员卡的余额；其次，如果是联系不上商家，可以向当地工商部门协助找到商家；再次，联系消费者协会寻求帮助；最后是向法院提起诉讼，通过法律途径解决。

法条援引

《中华人民共和国消费者权益保护法》

第五十三条　经营者以预收款方式提供商品或者服务的，应当按照约定提供。未按照约定提供的，应当按照消费者的要求履行约定或者退回预付款；并应当承担预付款的利息、消费者必须支付的合理费用。

《中华人民共和国民法典》

第一百八十八条　向人民法院请求保护民事权利的诉讼时效期间为三年。法律另有规定的，依照其规定。

诉讼时效期间自权利人知道或者应当知道权利受到损害以及义务人之日起计算。法律另有规定的，依照其规定。但是，自权利受到损害之日起超过二十年的，人民法院不予保护，有特殊情况的，人民法院可以根据权利人的申请决定延长。

第五百七十八条　当事人一方明确表示或者以自己的行为表明不履行合同义务的，对方可以在履行期限届满前请求其承担违约责任。

第五百八十四条　当事人一方不履行合同义务或者履行合同义

务不符合约定，造成对方损失的，损失赔偿额应当相当于因违约所造成的损失，包括合同履行后可以获得的利益；但是，不得超过违约一方订立合同时预见到或者应当预见到的因违约可能造成的损失。

案　例

浙江省金华市张女士在下班途中看见路边有人发传单，原来是自己家附近刚开了一家健身房，销售人员给张女士介绍新店开张活动，一人办理会员卡全家享用，多充多赠，充100送50、充200送150、充1000一家三口可免费健身，张女士觉得挺实惠就办理会员并充值1000元。在健身房正式营业后，张女士一家三口经常去健身，其设施齐全，有专门私教，然而好景不长，健身房营业三个月因资金没法周转而倒闭。张女士联系当时给自己办卡的人员，对方却告知自己已经辞职，几经周折联系上健身房老板，协商退还自己会员卡中余额，健身房老板不予理会，张女士于是向法院提起诉讼，要求退还自己会员卡中金额并支付违约金。法院经审理认为，健身房办理会员卡属于以预收款的方式提供服务，现在健身房倒闭却不退还会员卡中金额属于违约行为，判决健身房老板退还张女士会员卡中余额，同时支付违约金800元。

◎ 第四章 ◎

合同与保险

订立合同可以采用哪些形式?

分析解读

合同订立一般是口头形式和书面形式两种。口头形式是指当事人只用口头语言作为意思表示订立合同，一般是用于日常生活比如赶集买东西，只要是法律没有特殊规定所有的合同都可以采用口头方式。

书面形式是指合同书、信件以及数据电文包含电报、传真、电子数据和电子邮件等可以有形地表现所载内容的形式。书面合同形式分为以下几种：第一种是表格合同，当事人双方合意的内容以表格的方式体现出来；第二种是车票、保险单等合同凭证，合同凭证是确认双方权利义务的载体；第三种是合同确认书，一般采用信件或者数据的形式订立合同，需要在合同成立之前签合同确认书。

我国还有特殊书面形式的规定，除文字表达协议内容外，合同还需要经过公证、鉴定、审批或者登记等手续。合同的公证是指国家公证机关对合同真实性和合法性进行公证。合同的鉴定是指合同管理机关对合同真实性和合法性作出的证明。合同的审批是指根据法律规定由相关部门对合同进行审核批准。合同的登记是指由主管机关进行登记。

法条援引

《中华人民共和国民法典》

第四百六十九条 当事人订立合同,可以采用书面形式、口头形式或者其他形式。

书面形式是合同书、信件、电报、电传、传真等可以有形地表现所载内容的形式。

以电子数据交换、电子邮件等方式能够有形地表现所载内容,并可以随时调取查用的数据电文,视为书面形式。

第四百七十条 合同的内容由当事人约定,一般包括下列条款:

(一)当事人的姓名或者名称和住所;

(二)标的;

(三)数量;

(四)质量;

(五)价款或者报酬;

(六)履行期限、地点和方式;

(七)违约责任;

(八)解决争议的方法。

当事人可以参照各类合同的示范文本订立合同。

第四百七十一条 当事人订立合同,可以采取要约、承诺方式或者其他方式。

第四百八十二条 要约以信件或者电报作出的,承诺期限自信件载明的日期或者电报交发之日开始计算。信件未载明日期的,自投寄该信件的邮戳日期开始计算。要约以电话、传真、电子邮件等快速通讯方式作出的,承诺期限自要约到达受要约人时开始计算。

案例

2020年4月高某通过面试到某公司上班，公司告知试用期3个月，双方未签订书面劳动合同。7月初试用期结束，高某本以为可以转正，公司却告知其在试用期工作表现不能满足工作要求，不仅不予转正还进行辞退。高某认为自己试用期表现良好符合转正要求，公司辞退自己违反劳动法，因此向法院提起诉讼，要求确认自己和公司的劳动关系，赔偿自己的损失。法院调查后认为，建立劳动关系双方需要签订书面劳动合同，已经建立劳动关系未签订合同应该在一个月之内签订，公司一直未与高某签订劳动合同属于违法行为；用人单位在用工之日起超过一个月不满一年未签订劳动合同，用人单位需要支付按月支付双倍工资，该案中公司应向高某支付两个月双倍工资；试用期包含在劳动合同之内，劳动合同仅约定试用期，试用期不成立，试用期期限为劳动合同期限，公司和高某约定试用期未签订书面合同因此无效，公司不能以此为理由辞退高某。法院判决高某和公司劳动关系确立，公司赔偿高某两个月双倍工资并不得辞退。

合同中哪些免责条款无效？

分析解读

我们需要先明白什么是免责条款，免责条款是指双方当事人在合同中预先达成的免除将来可能发生损害的赔偿责任的合同条款。免责条款需要是当事人双方约定的，是真实意思表达，要采用明示的方式在合同中进行规定，对双方当事人具有约束力，不能危及社会公共利益，只有符合这些条件的免责条款法律才认可其效力。

合同中免责条款无效的情形：（一）条款规定明显不公平；（二）条款规定损害国家、集体或者第三人的利益；（三）在格式合同中，未将条款提醒对方注意并详细说明；（四）条款规定造成对方人身受到伤害；（五）故意或重大过失造成他人财产损失的条款；（六）格式合同的提供者不合理免除或者减轻自己责任，加重对方责任或者限制对方权利；（七）格式合同的提供方排除对方主要权利。

法条援引

《中华人民共和国民法典》

第一百五十七条 民事法律行为无效、被撤销或者确定不发生效力后，行为人因该行为取得的财产，应当予以返还；不能返还或者没有必要返还的，应当折价补偿。有过错的一方应当赔偿对方由此所受到的损失；各方都有过错的，应当各自承担相应的责任。法律另有规定的，依照其规定。

第四百九十七条 有下列情形之一的，该格式条款无效：

（一）具有本法第一编第六章第三节和本法第五百零六条规定的无效情形；

（二）提供格式条款一方不合理地免除或者减轻其责任、加重对方责任、限制对方主要权利；

（三）提供格式条款一方排除对方主要权利。

第五百零六条 合同中的下列免责条款无效：

（一）造成对方人身损害的；

（二）因故意或者重大过失造成对方财产损失的。

案例

2018年5月，苏某和其他四位登山爱好者准备去爬华山，出发前五人共同在某保险公司购买短期人身意外保险，缴纳保费。在爬华山过程中几人仗着自己有经验不听景区工作人员劝阻，在没有修路的地方行走，结果苏某不慎滑倒跌下山不幸身亡。苏某家属向保险公司进行索赔，保险公司经调查了解到苏某等人不听劝阻才造成了无法挽回的后果，因此拒绝赔付。苏某家属向法院提起诉讼，要求保险公司进行赔偿。法院开庭审理过程中，保险公司称苏某因违规不走正常路线导致死亡，这种情况不属于保险公司承保范围，这在保单中有明确规定。法院认为保险公司把禁止性规定作为免责条款，则保险公司有说明的义务，但是保险公司无法证明其对投保人进行免责条款的说明，因此保险公司需要承担赔偿责任，判决保险公司赔付苏某家人保险金66万元。

书面形式的合同和电子合同分别何时成立？

分析解读

合同成立是指合同双方当事人对合同条款协商一致，合同成立后就会产生一定的法律效力。书面形式合同什么时间成立，合同采用书面形式的，自己双方签字盖章后合同成立或者合同一方已经履行主要义务，另一方接受时合同成立。

电子合同什么时间成立，电子合同成立时间也就是电子合同生效时间，一般认为收件人收到数据电文时电子合同成立。

法条援引

《中华人民共和国民法典》

第四百九十条　当事人采用合同书形式订立合同的，自当事人均签名、盖章或者按指印时合同成立。在签名、盖章或者按指印之前，当事人一方已经履行主要义务，对方接受时，该合同成立。

法律、行政法规规定或者当事人约定合同应当采用书面形式订立，当事人未采用书面形式但是一方已经履行主要义务，对方接受时，该合同成立。

第四百九十一条　当事人采用信件、数据电文等形式订立合同要求签订确认书的，签订确认书时合同成立。

当事人一方通过互联网等信息网络发布的商品或者服务信息符合要约条件的，对方选择该商品或者服务并提交订单成功时合同成立，但是当事人另有约定的除外。

第四百九十二条　承诺生效的地点为合同成立的地点。

采用数据电文形式订立合同的，收件人的主营业地为合同成立的地点；没有主营业地的，其住所地为合同成立的地点。当事人另有约定的，按照其约定。

第四百九十三条　当事人采用合同书形式订立合同的，最后签名、盖章或者按指印的地点为合同成立的地点，但是当事人另有约定的除外。

第五百零二条　依法成立的合同，自成立时生效，但是法律另有规定或者当事人另有约定的除外。

依照法律、行政法规的规定，合同应当办理批准等手续的，依照其规定。未办理批准等手续影响合同生效的，不影响合同中履行报批等义务条款以及相关条款的效力。应当办理申请批准等手续的当事人未履行义务的，对方可以请求其承担违反该义务的责任。

依照法律、行政法规的规定，合同的变更、转让、解除等情形应当办理批准等手续的，适用前款规定。

案　例

某文化传媒公司为当地某化工公司拍摄纪录片，双方就拍摄具体事项进行面谈，该文化传媒公司拍摄样片，化工公司认可，双方达成合作。化工公司向文化传媒公司支付定金1万元，通过支付宝转账，该文化传媒公司收到定金后，通过微信把电子合同发给化工公司，化工公司回复收到。文化传媒公司陆续把视频拍完，并把视频利用微信发给化工公司询问是否有需要更改的地方，化工公司未提出修改意见，口头告知视频没有问题，文化传媒公司让其结清尾款3.6万元，化工公司一直推脱不予付款。文化传媒公司起诉到法院，要求化工公司支付尾款。法院经审理认为，化工公司支付定金，文化传媒公司通过微信方式把纪录片视频发给化工公司，双方之间合同关系成立有效。化工公司称电子合同中条款有异议未达成一致，法院查询双方聊天记录，发现化工公司确提过合同条款问题，在文化传媒公司修改后再次发给化工公司，其回复收到，因此视为对电子合同没有异议。电子合同成立时间即为生效时间，在一方收到数据电文时即视为到达，因此双方电子合同成立并生效。法院判决化工公司支付文化传媒公司尾款3.6万元。

如何区分适用定金与违约金？

分析解读

定金是指当事人之间约定为实现债权，由一方先给付另一方一定数量的财产或者替代物，这个具有担保性质。违约金是指在合同中一方不履行或者履行不适当时，按照合同约定支付一定数额的钱。

定金和违约金的区别：（一）生效时间不同，定金是预付为给付条件，定金交付之日定金条款即生效；违约金是以违约为生效要件。（二）支付原则不同，定金是按照定金罚则承担违约责任；违约金是按照双方约定承担。（三）支付金额标准不同，定金最高是总金额的百分之二十；违约金是按照实际损失为准。（四）设立目的不同，定金设立是为了保证债权的实现，是一种担保性质；违约金是为了制裁违约行为，是为了保证合同的履行。（五）交付时间不同，定金需要提前支付，有双倍返还的惩罚；违约金是双方在合同中约定，违约方违约后支付。（六）作用不同，定金的作用是证明合同成立、保证合同履行以及作为预付款，合同履行定金收回或抵货款；违约金的作用是惩罚过错方和补偿造成的损失。

第四章 合同与保险

> 法条援引

《中华人民共和国民法典》

第五百八十五条 当事人可以约定一方违约时应当根据违约情况向对方支付一定数额的违约金，也可以约定因违约产生的损失赔偿额的计算方法。

约定的违约金低于造成的损失的，人民法院或者仲裁机构可以根据当事人的请求予以增加；约定的违约金过分高于造成的损失的，人民法院或者仲裁机构可以根据当事人的请求予以适当减少。

当事人就迟延履行约定违约金的，违约方支付违约金后，还应当履行债务。

第五百八十六条 当事人可以约定一方向对方给付定金作为债权的担保。定金合同自实际交付定金时成立。

定金的数额由当事人约定；但是，不得超过主合同标的额的百分之二十，超过部分不产生定金的效力。实际交付的定金数额多于或者少于约定数额的，视为变更约定的定金数额。

第五百八十七条 债务人履行债务的，定金应当抵作价款或者收回。给付定金的一方不履行债务或者履行债务不符合约定，致使不能实现合同目的的，无权请求返还定金；收受定金的一方不履行债务或者履行债务不符合约定，致使不能实现合同目的的，应当双倍返还定金。

第五百八十八条 当事人既约定违约金，又约定定金的，一方违约时，对方可以选择适用违约金或者定金条款。

定金不足以弥补一方违约造成的损失的，对方可以请求赔偿超过定金数额的损失。

案 例

郑某和吴某是生意伙伴，郑某在吴某公司购买不锈钢护罩，二人合作一直不错。2019年3月郑某接到一个大单需要买20台不锈钢护罩，郑某向吴某支付15万元定金让其在6月份之前生产20台不锈钢护罩，签订合同约定吴某如未按期交货须承担百分之十五违约金。到了交货期限，吴某公司只生产了2台不锈钢护罩，郑某要求吴某退还自己定金并承担违约责任，吴某不同意。郑某于是向法院提起诉讼，要求退还定金扣除2台护罩的部分，并支付15%违约金。法院认为二人合同真实有效，吴某未按时交货确属违约，判决其退还定金并支付违约金共计9万元。

买房时，买方能绕开委托的中介直接与卖方订立合同吗？

分析解读

居间合同又被称为中介服务合同，是指居间人根据委托人的要求为委托人和第三方签订合同，而委托人需要向居间人支付约定报酬。居间人是为委托人与第三方进行民事法律行为提供信息或者担当媒介联系的中间人。

居间合同规定委托人的义务包括两个方面：一个是支付居间报酬，居间人促成合同成立的委托人应按照约定支付报酬；另一个是偿付费用，居间人虽然没有促成合同成立，但是为了合同成立产生的其他费用要委托人来承担。在房屋买卖中，买房绕开委托的中介直接与卖方签订合同是不可以的，买方利用居间人提供的房源信息与卖方取得联系，这样居间人无法取得报酬，但是买卖双方签订合同是因为居间人提供信息促成的，作为委托人的卖方负有支付报酬的义务，买卖双方绕开居间人签订合同属于违约行为。

法条援引

《中华人民共和国民法典》

第九百六十一条　中介合同是中介人向委托人报告订立合同的机会或者提供订立合同的媒介服务，委托人支付报酬的合同。

第九百六十二条　中介人应当就有关订立合同的事项向委托人如实报告。

中介人故意隐瞒与订立合同有关的重要事实或者提供虚假情况，损害委托人利益的，不得请求支付报酬并应当承担赔偿责任。

第九百六十三条　中介人促成合同成立的，委托人应当按照约定支付报酬。对中介人的报酬没有约定或者约定不明确，依据本法第五百一十条的规定仍不能确定的，根据中介人的劳务合理确定。因中介人提供订立合同的媒介服务而促成合同成立的，由该合同的当事人平均负担中介人的报酬。

中介人促成合同成立的，中介活动的费用，由中介人负担。

第九百六十四条　中介人未促成合同成立的，不得请求支付报酬；但是，可以按照约定请求委托人支付从事中介活动支出的必要费用。

第九百六十五条　委托人在接受中介人的服务后，利用中介人提供的交易机会或者媒介服务，绕开中介人直接订立合同的，应当向中介人支付报酬。

第九百六十六条 本章没有规定的，参照适用委托合同的有关规定。

案　例

孙某大学毕业回到当地开始工作，后来结婚需要买房委托当地一家房产中介公司根据自己要求提供房源，孙某根据房产中介提供的信息与卖方白某取得联系，孙某看房后认为房屋符合自己的要求，白某提出可以不用中介双方自行签订买卖合同，这样孙某可以省去中介费用，于是双方签订合同。房产中介知道后让孙某支付中介费，孙某拒绝，房产中介向法院提起诉讼，要求孙某支付中介费，法院认为孙某因房产中介提供信息才促成买卖合同达成，因此判决孙某向房产中介支付中介费。

借款合同中，应当如何支付利息？

分析解读

借款合同是指出借人把一定数额的货币给借用人，借用人再按照约定期限或者不定期将同等数量的货币偿还给出借人，借用人一般需要向出借人支付利息。借款合同中对于利息的规定：借款合同的利息按照合同约定支付，合同中没有对利息约定的视为没有利息；借款合同中对利息约定不明确的，双方当事人可以通过补充协议的方式，如果打不出补充协议则按照当地交易习惯来确定利息。

利息支付的时间，借款人应该按照合同中约定期限支付利息，如果合同对于利息支付时间没有约定或者约定不明确的，可以按照合同内容或者当地交易习惯来确定。如果以上几种方式都无法确定利息支付时间那就按借款期间不满一年来处理，应当在返还借款时一并支付；借款期间一年以上的，应当在每届满一年时支付；剩余期间不满一年的，应当在返还借款时一并支付。

利息约定的限制，双方约定利息的利率可以高于银行的利率，但是最高不能超过合同签订时一年内贷款市场利率的四倍，超过部分法律不予支持。

法条援引

《中华人民共和国民法典》

第六百七十条 借款的利息不得预先在本金中扣除。利息预先在本金中扣除的，应当按照实际借款数额返还借款并计算利息。

第六百七十一条 贷款人未按照约定的日期、数额提供借款，造成借款人损失的，应当赔偿损失。

借款人未按照约定的日期、数额收取借款的，应当按照约定的日期、数额支付利息。

第六百七十四条 借款人应当按照约定的期限支付利息。对支付利息的期限没有约定或者约定不明确，依据本法第五百一十条的规定仍不能确定，借款期间不满一年的，应当在返还借款时一并支付；借款期间一年以上的，应当在每届满一年时支付，剩余期间不满一年的，应当在返还借款时一并支付。

第六百七十五条 借款人应当按照约定的期限返还借款。对借款期限没有约定或者约定不明确，依据本法第五百一十条的规定仍不能确定的，借款人可以随时返还；贷款人可以催告借款人在合理期限内返还。

第六百七十六条 借款人未按照约定的期限返还借款的，应当按照约定或者国家有关规定支付逾期利息。

第六百七十七条 借款人提前返还借款的，除当事人另有约定外，应当按照实际借款的期间计算利息。

第六百八十条 禁止高利放贷，借款的利率不得违反国家有关规定。

借款合同对支付利息没有约定的，视为没有利息。

借款合同对支付利息约定不明确，当事人不能达成补充协议的，按照当地或者当事人的交易方式、交易习惯、市场利率等因素确定利息；自然人之间借款的，视为没有利息。

案 例

山东省烟台市宋某自己经营一家工厂生产轴承，因为资金周转困难，向何某借款60万元，双方签订借款合同，合同约定期限一年，月息5%，按月支付利息。一年期满因为受疫情影响，宋某无力偿还借款，和何某协商再给自己一两个月时间周转，何某不同意并向法院提起诉讼，要求宋某偿还借款本金及利息。法院经审理认为，借款合同是二人真实意思表达签订，合同有效，但是合同中对于利息的约定不符合法律规定，根据我国法律规定，利息的利率最高不能超过借款合同成立时一年内贷款市场利率的四倍，本案中合同中约定的利率已经超过四倍。法院判决宋某应偿还何某本金60万元，利息只承担贷款市场利率四倍之内的部分，超出部分不予支持。

为他人债务作保证人的，应当如何承担保证责任？

分析解读

保证责任是指保证人和债权人约定，当债务人不履行债务时，保证人按照约定履行债务或者承担违约责任。保证人需要是有代为清偿债务能力的人或者法人以及组织，在债务人不能履行债务时保证人要用自己的财产代为履行。

保证人承担保证责任一般有两种，一般保证和连带保证。一般保证是指当事人在保证合同中约定，债务人不履行债务时，由保证人承担保证责任。连带保证是指当事人在保证合同中约定，保证人与债务人对债务承担连带责任。

一般保证中保证人承担保证责任，期限以保证合同中约定为准，如果没有约定主债务履行期限届满之日起六个月。保证人必须承担责任的情形：债务人下落不明，没有财产可以执行；债务人破产法院受理；债权人可以证明债务人财产无法履行全部债务。保证人在主债务没有审判，债务人财产不足以履行债务时，保证人可以拒绝承担保证责任。

连带责任中保证人承担保证责任，保证责任分为因保证产生、代理产生、合伙产生、共同侵权产生、共同债务产生、产品不合格生产者和销售者对消费者共同承担责任。保证人和债务人因是连带责任，因此对全部债务承担清偿责任，在债务不履行时，债务权既可以要求债务人清偿债务也可以要求保证人清偿债务。

法条援引

《中华人民共和国民法典》

第三百九十条 担保期间，担保财产毁损、灭失或者被征收等，担保物权人可以就获得的保险金、赔偿金或者补偿金等优先受偿。被担保债权的履行期限未届满的，也可以提存该保险金、赔偿金或者补偿金等。

第三百九十一条 第三人提供担保，未经其书面同意，债权人允许债务人转移全部或者部分债务的，担保人不再承担相应的担保责任。

第六百八十六条 保证的方式包括一般保证和连带责任保证。

当事人在保证合同中对保证方式没有约定或者约定不明确的，按照一般保证承担保证责任。

第六百八十七条 当事人在保证合同中约定，债务人不能履行债务时，由保证人承担保证责任的，为一般保证。

一般保证的保证人在主合同纠纷未经审判或者仲裁，并就债务人财产依法强制执行仍不能履行债务前，有权拒绝向债权人承担保证责任，但是有下列情形之一的除外：

（一）债务人下落不明，且无财产可供执行；

（二）人民法院已经受理债务人破产案件；

（三）债权人有证据证明债务人的财产不足以履行全部债务或者丧失履行债务能力；

（四）保证人书面表示放弃本款规定的权利。

第六百八十八条 当事人在保证合同中约定保证人和债务人对债务承担连带责任的，为连带责任保证。

连带责任保证的债务人不履行到期债务或者发生当事人约定的情形时，债权人可以请求债务人履行债务，也可以请求保证人在其保证范围内承担保证责任。

案 例

张三、李四、王五三人分别出资三万、四万和五万，合伙开火锅鸡店。由于是品牌加盟，火锅鸡店开始时生意不错，每天来吃饭的人都需要排队。自2020年疫情开始，受限于大环境火锅鸡店勉强支撑，在9月份已经负债20万元，三人经过商量决定关店。李四在三人中条件最好，自己名下有房产两套、汽车一辆，张三因为火锅鸡店亏损现在身无分文，王五名下有一辆二手汽车。在清偿对外债务时李四认为债务均分，王五却认为火锅鸡店是三个人合伙所开属于连带责任，所有人对债务有全部清偿责任，张三支持王五，三人因此闹到法院。法院经调查了解，认为三人合伙开火锅鸡店，属于互相为其他两人担保，三人对其他两人负有连带责任，对外债务时每个人都对全部债务承担清偿责任，在其清偿后对其他债务人进行追偿，于是判决三人对20万元债务承担全部清偿责任，李四承担后可向张三和王五进行追偿。

车停路边被撞，无监控找不到肇事方，保险公司能赔偿吗？

分析解读

当发生交通事故需要理赔时，保险公司会根据你所购买的险种进行赔付，例如第三者责任险赔付发生意外造成第三者人身或财产受损，车辆损失险赔付投保的车辆遭受损失，车上人员险赔付因为意外造成司机或者乘车人员人身伤害等等。

在发生交通事故找不到肇事者时，我们应先报警，交警勘查现场后出具责任认定书，然后我们再向保险公司报案，前提是你的车辆正常投保。车辆损失由第三者造成，但又找不到第三者的情况下，保险公司只承担70%赔偿责任。

法条援引

《中华人民共和国保险法》

第二十二条 保险事故发生后，按照保险合同请求保险人赔偿或者给付保险金时，投保人、被保险人或者受益人应当向保险人提供其所能提供的与确认保险事故的性质、原因、损失程度等有关的证明和资料。

保险人按照合同的约定，认为有关的证明和资料不完整的，应当及时一次性通知投保人、被保险人或者受益人补充提供。

第二十三条　保险人收到被保险人或者受益人的赔偿或者给付保险金的请求后，应当及时作出核定；情形复杂的，应当在三十日内作出核定，但合同另有约定的除外。保险人应当将核定结果通知被保险人或者受益人；对属于保险责任的，在与被保险人或受益人达成赔偿或者给付保险金的协议后十日内，履行赔偿或者给付保险金义务。保险合同对赔偿或者给付保险金的期限有约定的，保险人应当按照约定履行赔偿或者给付保险金义务。

保险人未及时履行前款规定义务的，除支付保险金外，应当赔偿被保险人或者受益人因此受到的损失。

任何单位和个人不得非法干预保险人履行赔偿或者给付保险金的义务，也不得限制被保险人或者受益人取得保险金的权利。

《中华人民共和国道路交通安全法》

第七十六条　机动车发生交通事故造成人身伤亡、财产损失的，由保险公司在机动车第三者责任强制保险责任限额范围内予以赔偿；不足的部分，按照下列规定承担赔偿责任：

（一）机动车之间发生交通事故的，由有过错的一方承担赔偿责任；双方都有过错的，按照各自过错的比例分担责任。

（二）机动车与非机动车驾驶人、行人之间发生交通事故，非机动车驾驶人、行人没有过错的，由机动车一方承担赔偿责任；有证据证明非机动车驾驶人、行人有过错的，根据过错程度适当减轻机动车一方的赔偿责任；机动车一方没有过错的，承担不超过百分之十的赔偿责任。

交通事故的损失是由非机动车驾驶人、行人故意碰撞机动车造成的，机动车一方不承担赔偿责任。

案　例

小明在江苏省苏州市上班，上班地点离自己家骑电动车只有十五分钟左右的路程，因此每天骑电动车上下班。2019年7月天气恶劣又下雨又刮风，小明开车去上班，雨天路况不好加上车辆较多，开了将近四十分钟才到公司，眼看马上要迟到，停车场也没有车位，于是把车临时停在路边。在中午休息时给车找了个车位，结果发现自己违章停车被贴条。更让人可气的是前保险杠被撞凹，路边没有监控找不到肇事者。小明打电话报警，交警出具责任书后，联系保险公司。保险公司工作人员勘查现场了解情况后，和其说明其车险购买齐全，但是对于找不到肇事者这种情况，保险公司最多只能承担70%赔偿责任。吃一堑长一智，小明只能自己承担剩余部分，下次停车必须停在车位上。

把车借给朋友，发生交通事故能理赔吗？

分析解读

如果发生交通事故，当事人需要承担的责任有：交通事故有责方需要承担无责方的损失比如车辆维修的费用，造成人员伤亡需要承担人身损害赔偿；发生交通事故后当事人逃逸，也就是会涉及刑法上规定的交通肇事罪或交通肇事逃逸罪。那发生交通事故时车是借来的，责任由谁承担？根据我国法律规定因借用他人车辆，使用人和所有人不一致时，发生交通事故造成损害责任在该机动车一方时，由使用人承担赔偿责任，如果所有人有过错那所有人承担相应赔偿责任。

车借给他人使用发生交通事故，只要是车辆所有人已经正常给车辆上保险，保险公司在保险合理范围内进行相应赔付。一般是先由交强险进行赔付，超出部分由商业保险进行赔付，也就是第三者责任险。但是如果车辆使用人有酒驾或者无证驾驶的情况，那保险公司不予赔付。

法条援引

《中华人民共和国民法典》

第一千一百七十九条 侵害他人造成人身损害的，应当赔偿医疗费、护理费、交通费、营养费、住院伙食补助费等为治疗和康复支出的合理费用，以及因误工减少的收入。造成残疾的，还应当赔偿辅助器具费和残疾赔偿金；造成死亡的，还应当赔偿丧葬费和死亡赔偿金。

第一千二百零八条 机动车发生交通事故造成损害的，依照道路交通安全法律和本法的有关规定承担赔偿责任。

第一千二百零九条 因租赁、借用等情形机动车所有人、管理人与使用人不是同一人时，发生交通事故造成损害，属于该机动车一方责任的，由机动车使用人承担赔偿责任；机动车所有人、管理人对损害的发生有过错的，承担相应的赔偿责任。

《机动车交通事故责任强制保险条例》

第二十一条 被保险机动车发生道路交通事故造成本车人员、被保险人以外的受害人人身伤亡、财产损失的，由保险公司依法在机动车交通事故责任强制保险责任限额范围内予以赔偿。

道路交通事故的损失是由受害人故意造成的，保险公司不予赔偿。

第二十二条 有下列情形之一的，保险公司在机动车交通事故责任强制保险责任限额范围内垫付抢救费用，并有权向致害人追偿：

（一）驾驶人未取得驾驶资格或者醉酒的；

（二）被保险机动车被盗抢期间肇事的；

（三）被保险人故意制造道路交通事故的。

有前款所列情形之一，发生道路交通事故的，造成受害人的财产损失，保险公司不承担赔偿责任。

案　例

小刘和小张是多年的好朋友，2018年6月小张因自己车在维修，于是向小刘借车使用。小张在驾驶过程中发生交通事故，对方驾驶员受伤住进医院，交警认定小张全责。对方在治疗结束后找小张协商赔偿金额，双方未达成一致，对方将小张起诉至法院，小刘作为车辆所有人也被列为被告。小刘认为发生交通事故时车辆是小张在使用，赔偿责任应该由其承担，交警部门经调查认定车辆不存在安全隐患而且保险齐全，小张有驾驶证开车时精神状态不存在问题，因此认定小刘对于该交通事故不存在过错，赔偿责任由小张一人承担。

开车撞到自家人，保险公司能拒赔吗？

分析解读

车险是指以机动车本身或者第三者责任等为保险标志的一种运输工具保险，保险公司进行赔付时当出现第三者伤亡或者财产损失。在车辆保险合同中，第三者是指除保险人和被保险人之外，因被保险车辆的意外事故造成人身损害或者财产损失的受害人，保险人是保险公司为第一者，被保险人是第二者，按照正常理解自己家人属于第三者。保险公司为了防止骗保明确规定以下三种情况保险公司不承担赔偿责任：被保险人及家庭成员人身伤亡或者财产损失的；本车驾驶人及家庭人员人身伤亡或财产损失的；本车上其他人员人身伤亡或者财产损失的。

因此开车撞到自己家人，保险公司不承担赔偿责任。

法条援引

《中国保险行业协会机动车商业保险示范条款》

第二十四条 下列人身伤亡、财产损失和费用，保险人不负责赔偿：

（一）被保险机动车发生意外事故，致使任何单位或个人停业、停驶、停电、停水、停气、停产、通讯或网络中断、电压变化、数据丢失造成的损失以及其他各种间接损失；

（二）第三者财产因市场价格变动造成的贬值，修理后因价值降低引起的减值损失；

（三）被保险人及其家庭成员、驾驶人及其家庭成员所有、承租、使用、管理、运输或代管的财产的损失，以及本车上财产的损失；

（四）被保险人、驾驶人、本车车上人员的人身伤亡；

（五）停车费、保管费、扣车费、罚款、罚金或惩罚性赔款；

（六）超出《道路交通事故受伤人员临床诊疗指南》和国家基本医疗保险同类医疗费用标准的费用部分；

（七）律师费，未经保险人事先书面同意的诉讼费、仲裁费；

（八）投保人、被保险人或驾驶人知道保险事故发生后，故意或者因重大过失未及时通知，致使保险事故的性质、原因、损失程度等难以确定的，保险人对无法确定的部分，不承担赔偿责任，但保险人通过其他途径已经知道或者应当及时知道保险事故发生的除外；

（九）因被保险人违反本条款第二十八条约定，导致无法确定的损失；

（十）精神损害抚慰金；

（十一）应当由机动车交通事故责任强制保险赔偿的损失和费用；

保险事故发生时，被保险机动车未投保机动车交通事故责任强制保险或机动车交通事故责任强制保险合同已经失效的，对于机动车交通事故责任强制保险责任限额以内的损失和费用，保险人不负责赔偿。

《中华人民共和国保险法》

第六十五条　保险人对责任保险的被保险人给第三者造成的损害，可以依照法律的规定或者合同的约定，直接向该第三者赔偿保险金。

责任保险的被保险人给第三者造成损害，被保险人对第三者应负的赔偿责任确定的，根据被保险人的请求，保险人应当直接向该第三者赔偿保险金。被保险人怠于请求的，第三者有权就其应获赔偿部分直接向保险人请求赔偿保险金。

责任保险的被保险人给第三者造成损害，被保险人未向该第三者赔偿的，保险人不得向被保险人赔偿保险金。

责任保险是指以被保险人对第三者依法应负的赔偿责任为保险标的的保险。

案 例

新手司机小红在拿到驾驶证后，兴奋地开着自己的汽车，一开始很顺利，在经过一处拐弯时由于房屋遮挡视线撞倒一骑自行车的男士。小红赶紧下车却发现被撞的人是自己的父亲，报警后交警勘查现场出具责任认定书，认定小红全责。小红父亲轻微骨折住院花费3万元，小红在事后找到保险公司理赔，保险公司告知小红根据车辆保险合同规定车辆造成自己家人人身伤亡或者财产损失的，不承担赔偿责任，小红只能自认倒霉。

有某种疾病史，投保三年后得病，被告知不符合投保条件怎么办？

分析解读

在保险合同中，投保人负有的义务包括：如实告知义务，保险标的或被保险人的情况如实告知保险公司；支付保费的义务；及时通知义务，当发生保险事故应及时联系保险公司，以防保险人或者保险标的危险情况增加。当投保人故意或者重大过失未履行如实告知义务，直接影响保险人是否决定同意承保或者提高保费，保险人有权解除合同，合同解除前发生保险事故保险人不承担赔偿责任。

如果投保人未如实告知投保后发现不符合投保条件，双方可以重新签订新合同，或者是投保人能继续投保但是需要增加保费，如果无法投保保险人退还保费。

法条援引

《中华人民共和国保险法》

第十四条　保险合同成立后，投保人按照约定交付保险费，保险人按照约定的时间开始承担保险责任。

第十五条　除本法另有规定或者保险合同另有约定外，保险合同成立后，投保人可以解除合同，保险人不得解除合同。

第十六条　订立保险合同，保险人就保险标的或者被保险人的有关情况提出询问的，投保人应当如实告知。

投保人故意或者因重大过失未履行前款规定的如实告知义务，足以影响保险人决定是否同意承保或者提高保险费率的，保险人有权解除合同。

前款规定的合同解除权，自保险人知道有解除事由之日起，超过三十日不行使而消灭。自合同成立之日起超过二年的，保险人不得解除合同；发生保险事故的，保险人应当承担赔偿或者给付保险金的责任。

投保人故意不履行如实告知义务的，保险人对于合同解除前发生的保险事故，不承担赔偿或者给付保险金的责任，并不退还保险费。

投保人因重大过失未履行如实告知义务，对保险事故的发生有严重影响的，保险人对于合同解除前发生的保险事故，不承担赔偿或给付保险金的责任，但应当退还保险费。

保险人在合同订立时已经知道投保人未如实告知的情况的，保险人不得解除合同；发生保险事故的，保险人应当承担赔偿或者给付保险金的责任。

保险事故是指保险合同约定的保险责任范围内的事故。

第十七条 订立保险合同，采用保险人提供的格式条款的，保险人向投保人提供的投保单应当附格式条款，保险人应当向投保人说明合同的内容。

对保险合同中免除保险人责任的条款，保险人在订立合同时应当在投保单、保险单或者其他保险凭证上作出足以引起投保人注意的提示，并对该条款的内容以书面或者口头形式向投保人作出明确说明；未作提示或者明确说明的，该条款不产生效力。

案　例

58岁的李老头为自己投保重大疾病保险，隐瞒自己有心脏病病史，投保成功后李某交纳保费。在投保两个月后，李某因心脏病引发的脑血栓住院，其间花费7万元。出院后李某找保险公司要求赔偿，保险公司调查发现李某存在隐瞒病史的行为，未尽到如实告知义务，和李某协商，最终双方达成一致，李某增加保费保险合同继续生效，保险公司支付4万元作为赔偿。

第五章

道路与交通

免费搭乘顺风车受伤，驾驶人是否需要赔偿受害人？

分析解读

司机在开车行驶过程中都要遵守交通规则，保证乘车人的人身安全。免费搭乘顺风车产生人身伤亡或者财产损失的，首先要看责任划分，如果是对方机动车全责由对方机动车承担赔偿责任；如果自己搭乘机动车一方责任，那驾驶人应该承担赔偿责任。在保护受害人的同时，为了鼓励大家助人为乐，无偿搭载造成损失驾驶人可以减轻赔偿责任，除非驾驶人故意或者有重大过失。免费搭乘顺风车属于《中华人民共和国民法典》中规定的好意同乘，造成搭乘人受伤或者死亡责任划分有两种情况，第一种是搭乘人免费搭乘，驾驶人在有过错情况下承担法律责任，第二种是搭乘人付费搭乘，视驾驶人有营利目的，应对搭乘人人身及财产承担法律责任。

好意同乘是一种善意施惠行为，在互帮互助的同时，驾驶人应该谨慎驾驶，安全出行，采取合理的措施保护搭乘人的人身财产安全。作为搭乘人要有足够的安全意识，尽最大可能做好自我保护，把交通事故给自己带来的损失降到最低。

法条援引

《中华人民共和国民法典》

第八百一十九条 承运人应当严格履行安全运输义务，及时告知旅客安全运输应当注意的事项。旅客对承运人为安全运输所作的合理安排应当积极协助和配合。

第八百二十三条 承运人应当对运输过程中旅客的伤亡承担赔偿责任；但是，伤亡是旅客自身健康原因造成的或者承运人证明伤亡是旅客故意、重大过失造成的除外。

前款规定适用于按照规定免票、持优待票或者经承运人许可搭乘的无票旅客。

第一千二百零八条 机动车发生交通事故造成损害的，依照道路交通安全法律和本法的有关规定承担赔偿责任。

第一千二百一十三条 机动车发生交通事故造成损害，属于该机动车一方责任的，先由承保机动车强制保险的保险人在强制保险责任限额范围内予以赔偿；不足部分，由承保机动车商业保险的保险人按照保险合同的约定予以赔偿；仍然不足或者没有投保机动车商业保险的，由侵权人赔偿。

第一千二百一十七条 非营运机动车发生交通事故造成无偿搭乘人损害，属于该机动车一方责任的，应当减轻其赔偿责任，但是机动车使用人有故意或者重大过失的除外。

案 例

家住湖南省长沙市的范某从衡阳出差回家，晚上七点左右到达宁阳附近时，看到路边有人向自己招手，停车询问情况，招手人张某称

一读就懂的法律维权课

自己坐错车无法回家想让范某搭载自己一段，得知张某家离自己家不远，于是让张某上车。范某开车时间过长疲劳驾驶，为躲避对面行驶车辆，撞在路边树上，范某轻微擦伤，张某小腿骨折住院治疗花费9万元。张某出院后向范某申请赔偿，范某认为自己免费搭载不需要承担赔偿责任，张某起诉至法院。法院经审理认为，虽然是免费搭载，但驾驶人过错造成搭乘人受伤应承担赔偿责任，但是可以减轻赔偿责任，判决范某赔偿张某5.5万元。

网约车司机故意绕路怎么维权？

分析解读

根据网约车暂行办法规定，网约车驾驶员不得中途甩客，不得故意绕路行驶，不得违规收费。如果是我们自己在现实生活中遇到司机故意绕路行为，首先要把证据保留好，例如打车软件上显示路线和司机所走路线不一致的截图、自己问司机绕路原因的录音，以及自己按实际路程付款的记录，最主要的是所乘车辆的车牌号以及司机名字和工号。收集证据后联系平台客服或者其所在公司进行投诉，要求赔偿自己损失，如果未得到解决可以向物价局进行举报。

我们在乘坐网约车时要注意车辆行驶路线，不要上车只顾玩手机，把乘坐车辆信息发送给家人或者朋友，这样可以更好地保护自己。

法条援引

《中华人民共和国民法典》

第八百零九条 运输合同是承运人将旅客或者货物从起运地点运输到约定地点，旅客、托运人或者收货人支付票款或者运输费用的合同。

第八百一十一条 承运人应当在约定期限或者合理期限内将旅客、货物安全运输到约定地点。

第八百一十二条 承运人应当按照约定的或者通常的运输路线将旅客、货物运输到约定地点。

第八百一十三条 旅客、托运人或者收货人应当支付票款或者运输费用。承运人未按照约定路线或者通常路线运输增加票款或者运输费用的，旅客、托运人或者收货人可以拒绝支付增加部分的票款或者运输费用。

《中华人民共和国消费者权益保护法》

第四十四条 消费者通过网络交易平台购买商品或者接受服务，其合法权益受到损害的，可以向销售者或者服务者要求赔偿。网络交易平台提供者不能提供销售者或者服务者的真实名称、地址和有效联系方式的，消费者也可以向网络交易平台提供者要求赔偿；网络交易平台提供者作出更有利于消费者的承诺的，应当履行承诺。网络交易平台提供者赔偿后，有权向销售者或者服务者追偿。

网络交易平台提供者明知或者应知销售者或者服务者利用其平台侵害消费者合法权益，未采取必要措施的，依法与该销售者或者服务者承担连带责任。

第五十五条 经营者提供商品或者服务有欺诈行为的，应当按照消费者的要求增加赔偿其受到的损失，增加赔偿的金额为消费者购买商品的价款或者接受服务的费用的三倍；增加赔偿的金额不足五百元的，为五百元。法律另有规定的，依照其规定。

经营者明知商品或者服务存在缺陷，仍然向消费者提供，造成消费者或者其他受害人死亡或者健康严重损害的，受害人有权要求经营者依照本法第四十九条、第五十一条等法律规定赔偿损失，并有权要求所受损失二倍以下的惩罚性赔偿。

案　例

小武是土生土长的山东德州人，因工作需要到江苏徐州出差，下高铁后打车去酒店。小武第一次到徐州哪也不认识，只能告知司机按自己手机导航走，在经过某路段时司机声称可以不按导航走另外一条路，路程和导航差不多时间还能提前，小武一听就同意了。到达预订酒店，小武发现不仅比自己导航时间慢了将近二十分钟，而且原来的导航自己只需要支付50元，现在却要支付90元，小武和司机协商因为绕路导致路程增加能不能少收点，司机表示是小武本人同意的绕路因此不让步，并表示不付款不给行李，小武只能支付车费90元。办理入住后，小武联系出租车公司进行投诉，提供出租车车牌以及司机信息，把详细情况说明，还提供了当时司机说绕道时的录音，以及到达目的地司机以行李胁迫自己支付车费的视频。出租车公司核实情况后，认定该司机确实违规。出租车公司让司机主动联系小武进行道歉，并赔偿损失500元。

修车人未经车主允许擅开机动车造成交通事故，车主是否需要赔偿？

分析解读

发生交通事故，交通事故的责任是怎么认定的？一般来说是由车辆所有人承担责任；因租赁、借用等发生交通事故造成损害，由机动车使用人承担责任；转让交付但未办理登记，发生交通事故造成损害由受让人承担责任；盗窃、抢劫造成交通事故，由盗窃人、抢劫人承担责任。

交通事故发生后交警勘验现场确认双方责任后，赔偿顺序是怎样的？保险公司先在交强险范围进行赔偿，不足部分在商业保险范围赔偿，如果还不能满足赔偿金额，由车主或者驾驶人承担赔偿责任。

修车人未经车主允许擅自开机动车造成交通事故，车主不需要承担赔偿，由驾驶人承担。修车公司对于员工违法行为承担部分责任。赔偿按照先保险公司后驾驶人的顺序进行责任承担。

法条援引

《中华人民共和国民法典》

第一千一百九十二条 个人之间形成劳务关系，提供劳务一方因劳务造成他人损害的，由接受劳务一方承担侵权责任。接受劳务一方承担侵权责任后，可以向有故意或者重大过失的提供劳务一方追偿。提供劳务一方因劳务受到损害的，根据双方各自的过错承担相应的责任。

提供劳务期间，因第三人的行为造成提供劳务一方损害的，提供劳务一方有权请求第三人承担侵权责任，也有权请求接受劳务一方给予补偿。接受劳务一方补偿后，可以向第三人追偿。

第一千二百零九条 因租赁、借用等情形机动车所有人、管理人与使用人不是同一人时，发生交通事故造成损害，属于该机动车一方责任的，由机动车使用人承担赔偿责任；机动车所有人、管理人对损害的发生有过错的，承担相应的赔偿责任。

第一千二百一十二条 未经允许驾驶他人机动车，发生交通事故造成损害，属于该机动车一方责任的，由机动车使用人承担赔偿责任；机动车所有人、管理人对损害的发生有过错的，承担相应的赔偿责任，但是本章另有规定的除外。

第一千二百一十三条 机动车发生交通事故造成损害，属于该机动车一方责任的，先由承保机动车强制保险的保险人在强制保险责任限额范围内予以赔偿；不足部分，由承保机动车商业保险的保险人按照保险合同的约定予以赔偿；仍然不足或者没有投保机动车商业保险的，由侵权人赔偿。

案 例

山西省大同市的阎先生因自己的玛莎拉蒂出现故障到汽车修理厂进行维修，车辆修好后阎先生因为有事未能及时把车辆开走，修理厂小费从来没见过玛莎拉蒂，趁着中午休息时间开出去玩，由于对车辆不熟悉车速过快，为躲避行人撞上旁边的障碍物，车辆左前方机盖发生扭曲掉漆严重。阎先生来维修店取车发现问题问是怎么回事，小费称不小心碰上的，你有保险自己走保险就行，阎先生表示如果维修厂能免费给修好可以不追究责任，小费态度蛮横且不予理睬。阎先生只能向法院提起诉讼，在维修厂领导知晓后主动和阎先生联系进行道歉，称自己外出刚回来，想和其私下解决，阎先生同意。维修厂辞退小费，免费为阎先生修理汽车并免去之前的修理费用。

无证驾驶，是否就要承担事故的全部责任？

分析解读

无证驾驶是指机动车驾驶人在驾驶证准驾不符以及驾驶证过期没更换相对应的合法准驾证明的情况下驾驶该机动车。交通事故认定承担全责的情形：一方当事人故意造成交通事故；因一方过错造成交通事故，对方没有过错；当事人逃逸的；当事人故意毁灭证据的；一方当事人能报案而未报案造成责任无法确认的。

无证驾驶导致交通事故，如果对方没有过错则无证驾驶人承担全部责任，如果对方也存在过错则双方根据各自过错承担责任。

法条援引

《中华人民共和国道路交通安全法》

第十九条　驾驶机动车，应当依法取得机动车驾驶证。

申请机动车驾驶证，应当符合国务院公安部门规定的驾驶许可条件；经考试合格后，由公安机关交通管理部门发给相应类别的机动车驾驶证。

持有境外机动车驾驶证的人，符合国务院公安部门规定的驾驶许可条件，经公安机关交通管理部门考核合格的，可以发给中国的机动车驾驶证。

驾驶人应当按照驾驶证载明的准驾车型驾驶机动车；驾驶机动车时，应当随身携带机动车驾驶证。

公安机关交通管理部门以外的任何单位或者个人，不得收缴、扣留机动车驾驶证。

第九十九条 有下列行为之一的，由公安机关交通管理部门处二百元以上二千元以下罚款：

（一）未取得机动车驾驶证、机动车驾驶证被吊销或者机动车驾驶证被暂扣期间驾驶机动车的；

（二）将机动车交由未取得机动车驾驶证或者机动车驾驶证被吊销、暂扣的人驾驶的；

（三）造成交通事故后逃逸，尚不构成犯罪的；

（四）机动车行驶超过规定时速百分之五十的；

（五）强迫机动车驾驶人违反道路交通安全法律、法规和机动车安全驾驶要求驾驶机动车，造成交通事故，尚不构成犯罪的；

（六）违反交通管制的规定强行通行，不听劝阻的；

（七）故意损毁、移动、涂改交通设施，造成危害后果，尚不构成犯罪的；

（八）非法拦截、扣留机动车辆，不听劝阻，造成交通严重阻塞或者较大财产损失的。

行为人有前款第二项、第四项情形之一的，可以并处吊销机动车驾驶证；有第一项、第三项、第五项至第八项情形之一的，可以并处十五日以下拘留。

最高人民法院《关于审理道路交通事故损害赔偿案件适用法律若干问题的解释》

第一条 机动车发生交通事故造成损害，机动车所有人或者管理人有下列情形之一，人民法院应当认定其对损害的发生有过错，并适用民法典第一千二百零九条的规定确定其相应的赔偿责任：

（一）知道或者应当知道机动车存在缺陷，且该缺陷是交通事故发生原因之一的；

（二）知道或者应当知道驾驶人无驾驶资格或者未取得相应驾驶资格的；

（三）知道或者应当知道驾驶人因饮酒、服用国家管制的精神药品或者麻醉药品，或者患有妨碍安全驾驶机动车的疾病等依法不能驾驶机动车的；

（四）其他应当认定机动车所有人或者管理人有过错的。

案 例

周某正在考驾驶证，现在只剩科目四没考，觉得自己在乡镇附近开车不会有问题，于是驾车出行。在驾驶过程中正好遇到交警巡逻查酒驾，周某看见交警慌张想躲开，不想正好让交警抓个正着。酒驾查过没事，周某以为躲过一劫，交警让出示驾驶证，周某只能说出实情自己还未取得驾驶证。交警对周某进行批评教育，未取得驾驶证驾驶机动车属于违法行为，对周某的交通违法行为处罚款 1000 元。

公车私用发生交通事故，公司是否承担责任？

分析解读

公车私用发生交通事故，虽然使用人开公车办私事，但是仍由公司承担责任，但是如果使用人存在重大过错或者故意，公司可以向使用人进行追偿。因为借用等情形机动车使用人和所有人不是同一人，如果发生交通事故责任是该机动车方，保险公司在交强险的范围内进行赔偿，不足部分由使用人承担赔偿责任，所有人对损害存在过错的承担相应责任。公车可以私用就证明公司对于公车管理不够严格存在过错，因此公司对公车私用承担责任。

公车私用发生交通事故虽然是公司承担责任，但是也不能由公司全部承担，否则使用人就会无所顾忌，开着公车肆意妄为，那公司配备公车起不到任何好的作用，无法约束员工个人行为。因此公车私用公司承担责任，但是使用人存在过错公司可以向其追偿。

法条援引

《中华人民共和国民法典》

第一千一百九十一条　用人单位的工作人员因执行工作任务造成他人损害的，由用人单位承担侵权责任。用人单位承担侵权责任后，可以向有故意或者重大过失的工作人员追偿。

劳务派遣期间，被派遣的工作人员因执行工作任务造成他人损害的，由接受劳务派遣的用工单位承担侵权责任；劳务派遣单位有过错的，承担相应的责任。

第一千二百零八条 机动车发生交通事故造成损害的，依照道路交通安全法律和本法的有关规定承担赔偿责任。

第一千二百零九条 因租赁、借用等情形机动车所有人、管理人与使用人不是同一人时，发生交通事故造成损害，属于该机动车一方责任的，由机动车使用人承担赔偿责任；机动车所有人、管理人对损害的发生有过错的，承担相应的赔偿责任。

第一千二百一十二条 未经允许驾驶他人机动车，发生交通事故造成损害，属于该机动车一方责任的，由机动车使用人承担赔偿责任；机动车所有人、管理人对损害的发生有过错的，承担相应的赔偿责任，但是本章另有规定的除外。

案 例

强某是某公司员工，开公司车到县里签订合同，按照公司规定车辆使用后每天需要放在公司不能开回员工个人家。强某在签完合同后由于时间比较晚，在未通知公司车辆管理人的情况下将公车开回家。第二天正好是周末，强某开着公车带着家人外出游玩，在返程中发生交通事故与他人撞在一起。强某心想反正是公车有保险，无所谓。由于事故对方损失比较严重保险没能全部赔完，要求公司承担不足部分责任。公司经了解后，进行赔偿，由于强某存在过错违反公司规定，向其进行追偿。

酒驾后发生交通事故，同桌饮酒人是否有责任？

分析解读

酒驾一般是指酒后驾驶机动车，由于酒精对身体的影响，酒驾极易容易引发交通事故。对于酒驾我国有刑法和相关法律规定进行处罚，那同桌饮酒的人需要承担责任吗？视情况而定。

同桌饮酒人全力劝阻对方却执意要酒驾的，如果发生交通事故，同桌饮酒人不承担责任。同桌饮酒人明知酒驾是违法的，不进行劝阻或者放任对方酒驾的，造成交通事故需要承担连带责任，主要有以下四种情况：明知对方不能喝酒却让对方喝酒的，同桌饮酒人应承担责任；强迫性劝酒的，同桌饮酒人存在主观上的过错应承担责任；对方酒后驾车或者进行剧烈运动而不加劝阻，万一对方出事，同桌饮酒人承担责任；没有把醉酒人安全送达，如果是对方醉酒到不能自控，同桌饮酒人有义务将其送回家中，醉酒人出现意外，同桌饮酒人需要承担责任。

在这里提醒大家，同桌饮酒，切记不要进行劝酒，对方不能喝不强求，如遇醉酒者将其安全送至家中，联络感情不是只有酒。

法条援引

《中华人民共和国民法典》

第一千一百六十五条　行为人因过错侵害他人民事权益造成损害

的，应当承担侵权责任。

依照法律规定推定行为人有过错，其不能证明自己没有过错的，应当承担侵权责任。

第一千一百六十六条 行为人造成他人民事权益损害，不论行为人有无过错，法律规定应当承担侵权责任的，依照其规定。

《中华人民共和国道路交通安全法》

第九十一条 饮酒后驾驶机动车的，处暂扣六个月机动车驾驶证，并处一千元以上二千元以下罚款。因饮酒后驾驶机动车被处罚，再次饮酒后驾驶机动车的，处十日以下拘留，并处一千元以上二千元以下罚款，吊销机动车驾驶证。

醉酒驾驶机动车的，由公安机关交通管理部门约束至酒醒，吊销机动车驾驶证，依法追究刑事责任；五年内不得重新取得机动车驾驶证。

饮酒后驾驶营运机动车的，处十五日拘留，并处五千元罚款，吊销机动车驾驶证，五年内不得重新取得机动车驾驶证。

醉酒驾驶营运机动车的，由公安机关交通管理部门约束至酒醒，吊销机动车驾驶证，依法追究刑事责任；十年内不得重新取得机动车驾驶证，重新取得机动车驾驶证后，不得驾驶营运机动车。

饮酒后或者醉酒驾驶机动车发生重大交通事故，构成犯罪的，依法追究刑事责任，并由公安机关交通管理部门吊销机动车驾驶证，终生不得重新取得机动车驾驶证。

案 例

赵五和王六到张三家做客，三人经常在一起喝酒，王六嗜酒如命。酒宴过程中，赵五和张三一次喝一口，王六自己一次喝半杯，张三媳妇在旁边提醒让王六少喝点,赵五却说王六酒量大一口喝一杯都没事。三人从晚八点喝到晚十一点半,张三见王六喝得确实多提出送其回家,王六称自己没事可以回家。在回家路上王六不慎掉入坑中,小腿骨折,住院手术共计花费8万元。王六家人找赵五和张三承担责任,二人称王六受伤和自己没关系,王六家人将二人诉至法院要求承担赔偿责任。法院经审理认为赵五和张三二人未对王六进行劝阻,并且在王六醉酒期间未安全将其送回家,应该承担赔偿责任,判决赵张二人承担王六医药费7万元。

借车驾驶发生交通事故,是实际驾驶人还是车主承担赔偿责任?

分析解读

借用他人车辆发生交通事故,一般来说由实际驾驶人承担赔偿责任,除非车主存在过错,如果车主有过错那需要承担相应的赔偿责任。车辆借给他人使用,车辆的所有人和使用人不是同一个人,发生分离,这种情况下,车辆所有人对车辆不再有支配权,不享有运行利益。车辆所有人无法预料车辆在行驶过程遇到的危险,在尽到注意义务和提醒义务情况下,如果发生交通事故责任由实际使用人承担。如果还要求车辆所有人承担赔偿责任,这不仅不符合互帮互助的风俗也违反权利义务对等原则,因为这会加重车辆所有人的义务。车辆所有人无过错不承担赔偿责任。

车辆所有人在有些情况下也是需要承担相应赔偿责任的,比如车辆所有人明知道车辆存在问题，而该问题会导致交通事故的发生，车辆所有人不告知实际使用人并把车辆外借的；明知实际使用人没有驾驶资格，如被吊销或者驾驶证没下来，仍把车辆借给对方；实际使用人有饮酒、吸毒或者患有妨碍安全驾驶疾病，车辆所有人在知晓的情况下出借车辆。

法条援引

《中华人民共和国民法典》

第一千二百零八条　机动车发生交通事故造成损害的，依照道路交通安全法律和本法的有关规定承担赔偿责任。

第一千二百零九条　因租赁、借用等情形机动车所有人、管理人与使用人不是同一人时，发生交通事故造成损害，属于该机动车一方责任的，由机动车使用人承担赔偿责任；机动车所有人、管理人对损害的发生有过错的，承担相应的赔偿责任。

第一千二百一十条　当事人之间已经以买卖或者其他方式转让并交付机动车但是未办理登记，发生交通事故造成损害，属于该机动车一方责任的，由受让人承担赔偿责任。

最高人民法院《关于审理道路交通事故损害赔偿案件适用法律若干问题的解释》

第一条　机动车发生交通事故造成损害，机动车所有人或者管理人有下列情形之一，人民法院应当认定其对损害的发生有过错，并适用民法典第一千二百零九条的规定确定其相应的赔偿责任：

（一）知道或者应当知道机动车存在缺陷，且该缺陷是交通事故发生原因之一的；

（二）知道或者应当知道驾驶人无驾驶资格或者未取得相应驾驶资格的；

（三）知道或者应当知道驾驶人因饮酒、服用国家管制的精神药品或者麻醉药品，或者患有妨碍安全驾驶机动车的疾病等依法不能驾驶机动车的；

（四）其他应当认定机动车所有人或者管理人有过错的。

案　例

甲和乙是多年好友，二人所在城市实行限号。这天乙车限号，乙有事要回趟老家于是向甲借车，甲二话没说把钥匙给乙。乙在回家途中，视线受限撞上一个骑电动车的大爷，交警接到报警进行现场勘查，出具责任书认定乙全责，大爷胳膊骨折送到医院治疗，电动车需要维修，前后共花掉3万元。乙找甲说明情况让其共同承担责任，甲称交通事故是乙开车造成的和自己没有关系。乙了解到甲的车存在刹车不灵敏的问题，正是因为这个原因自己才出的交通事故，于是向法院提起诉讼，要求甲承担责任。法院认为甲明知车存在问题未告知乙，甲有过错应该承担相应赔偿责任，判决甲支付乙1万元。

因紧急避险造成的交通事故，由谁承担责任？

分析解读

紧急避险是指在不得已的情况下，损害某一合法权益用来保护较大的合法权益免受正在发生危险的行为。成立紧急避险需要是避险人主观上为了躲避风险采取的避险行为，危险正在发生，只能针对第三者，目的是保护合法的利益，保护的利益应大于受损害的利益，还需要是在不得已情况下采取的措施。

交通事故因紧急避险引发，责任由谁来承担？一般来说由引起险情的人承担责任，谁引起险情谁来承担赔偿责任。如果紧急避险是因为自然原因，紧急避险人可以不用承担赔偿责任，只需要进行适当补偿就可以。当发生紧急避险时，紧急避险人采取的措施不适当或者是超过必要的限度，因此造成不应有的损害，紧急避险人应承担赔偿责任。

综上所述，因紧急避险造成交通事故，责任一般来说由引起险情人承担，除非紧急避险人采取的措施不当，否则紧急避险人不承担赔偿责任。

法条援引

《中华人民共和国民法典》

第一百八十二条 因紧急避险造成损害的，由引起险情发生的人承担民事责任。

危险由自然原因引起的，紧急避险人不承担民事责任，可以给予适当补偿。

紧急避险采取措施不当或者超过必要的限度，造成不应有的损害的，紧急避险人应当承担适当的民事责任。

第一百八十三条 因保护他人民事权益使自己受到损害的，由侵权人承担民事责任，受益人可以给予适当补偿。没有侵权人、侵权人逃逸或者无力承担民事责任，受害人请求补偿的，受益人应当给予适当补偿。

《中华人民共和国刑法》

第二十一条 为了使国家、公共利益、本人或者他人的人身、财产和其他权利免受正在发生的危险，不得已采取的紧急避险行为，造成损害的，不负刑事责任。

紧急避险超过必要限度造成不应有的损害的，应当负刑事责任，但是应当减轻或者免除处罚。

第一款中关于避免本人危险的规定，不适用于职务上、业务上负有特定责任的人。

《中华人民共和国道路交通安全法》

第四十三条 同车道行驶的机动车，后车应当与前车保持足以采取紧急制动措施的安全距离。有下列情形之一的，不得超车：

（一）前车正在左转弯、掉头、超车的；

（二）与对面来车有会车可能的；

（三）前车为执行紧急任务的警车、消防车、救护车、工程救险车的；

（四）行经铁路道口、交叉路口、窄桥、弯道、陡坡、隧道、人行横道、市区交通流量大的路段等没有超车条件的。

案 例

小鲍在义乌市从事快递运输行业，在运送快递途中，小鲍正常行驶，对面突然一辆车逆向行驶，眼看就要撞到自己，为了躲避逆行车辆，其急忙向右转结果撞上路边垃圾桶，自己车辆也受到损坏。小鲍报警，交警到现场勘查发现没有车辆接触，无法认定责任。小鲍向法院提起诉讼，要求对方车辆赔偿自己损失，对方称是其自己撞上去的和他没有关系。法院受理后调查认为，小鲍的行为属于紧急避险，责任应由引发险情对方车辆承担，判决对方车辆承担小鲍损失8000元。

司机为避免撞上行人而造成乘客伤亡，应如何处理？

分析解读

为避免撞上行人而造成乘客伤亡，由司机对乘客进行赔偿。乘客和司机之间有客运合同，无论是乘客上车买票还是司机好心搭载乘客，乘客上车后司机需要保证乘客安全，直到安全把乘客送到目的地。乘客在乘车过程中因急刹车受伤，司机属于违约行为，应该承担赔偿责任，如果是乘客自己存在过错那双方根据各自过错情况承担责任。

司机为避免撞上行人导致乘客受伤，要根据交通事故责任认定书，看行人和司机是否双方都有过错，如果双方都存在过错那双方属于共同侵权，乘客可以要求司机和行人共同承担责任。

司机紧急避险造成乘客受伤，一般由司机对乘客承担赔偿责任，如果行人存在过错，那么司机可以向行人进行追偿，如果行人无过错，那么司机自行承担赔偿责任。

法条援引

《中华人民共和国民法典》

第一千一百八十二条 侵害他人人身权益造成财产损失的，按照被侵权人因此受到的损失或者侵权人因此获得的利益赔偿；被侵权人因此受到的损失以及侵权人因此获得的利益难以确定，被侵权人和侵权人就赔偿数额协商不一致，向人民法院提起诉讼的，由人民法院根据实际情况确定赔偿数额。

第一千一百八十三条 侵害自然人人身权益造成严重精神损害的，被侵权人有权请求精神损害赔偿。

因故意或者重大过失侵害自然人具有人身意义的特定物造成严重精神损害的，被侵权人有权请求精神损害赔偿。

第一千一百九十一条 用人单位的工作人员因执行工作任务造成他人损害的，由用人单位承担侵权责任。用人单位承担侵权责任后，可以向有故意或者重大过失的工作人员追偿。

劳务派遣期间，被派遣的工作人员因执行工作任务造成他人损害的，由接受劳务派遣的用工单位承担侵权责任；劳务派遣单位有过错的，承担相应的责任。

《中华人民共和国刑法》

第二十一条 为了使国家、公共利益、本人或者他人的人身、财产和其他权利免受正在发生的危险，不得已采取的紧急避险行为，造成损害的，不负刑事责任。

紧急避险超过必要限度造成不应有的损害的，应当负刑事责任，但是应当减轻或者免除处罚。

第一款中关于避免本人危险的规定，不适用于职务上、业务上负有特定责任的人。

案　例

小红上班一般是自己开车，如果遇到限号就自己骑电动车。不巧的是这周限号，且天气不好一直在下雨并伴随着大风，小红于是选择坐公交车去上班。天气原因加上正好上班高峰，公交车行驶的并不快。小红听着音乐快睡着之际，司机一脚急刹车致使小红的头结实地磕在面前座椅上，当时血就流下来了。为了不耽误其他人，司机找人带小红去医院做检查。医院诊断小红为轻微脑震荡，又在额头上缝了三针。事后小红找到司机要求赔偿，司机称是小红自身原因导致受伤与自己无关，小红于是将司机诉至法院。法院经审理认为，司机紧急避险造成乘客小红受伤，属于违约行为，没有按照客运合同保证乘客安全，应该承担赔偿责任，判决司机赔偿小红医药费以及误工费，共计3300元，自判决生效之日起十五日内完成赔偿。

雇员因交通事故受到损害，雇主和肇事司机的赔偿责任如何分担？

分析解读

雇员在工作过程中发生交通事故，经过责任认定由肇事司机承担全责，雇员受到损害由肇事司机承担赔偿责任。雇员和雇主之间存在雇佣关系，雇员在工作过程中发生交通事故，可以认定为工伤，这种情况下公司需要承担雇员的赔偿责任。但是一项权利受损不能得到两份赔偿，一般来说肇事司机全责情况下，先由肇事司机进行赔偿，不足部分由雇主进行补充赔偿。

法条援引

《中华人民共和国民法典》

第一千一百七十九条 侵害他人造成人身损害的，应当赔偿医疗费、护理费、交通费、营养费、住院伙食补助费等为治疗和康复支出的合理费用，以及因误工减少的收入。造成残疾的，还应当赔偿辅助器具费和残疾赔偿金；造成死亡的，还应当赔偿丧葬费和死亡赔偿金。

第一千一百八十条 因同一侵权行为造成多人死亡的，可以以相同数额确定死亡赔偿金。

第一千一百九十一条 用人单位的工作人员因执行工作任务造成他人损害的，由用人单位承担侵权责任。用人单位承担侵权责任后，可以向有故意或者重大过失的工作人员追偿。

劳务派遣期间，被派遣的工作人员因执行工作任务造成他人损害的，由接受劳务派遣的用工单位承担侵权责任；劳务派遣单位有过错的，承担相应的责任。

《最高人民法院关于审理人身损害赔偿案件适用法律若干问题的解释》

第二条 赔偿权利人起诉部分共同侵权人的，人民法院应当追加其他共同侵权人作为共同被告。赔偿权利人在诉讼中放弃对部分共同侵权人的诉讼请求的，其他共同侵权人对被放弃诉讼请求的被告应当承担的赔偿份额不承担连带责任。责任范围难以确定的，推定各共同侵权人承担同等责任。

人民法院应当将放弃诉讼请求的法律后果告知赔偿权利人，并将放弃诉讼请求的情况在法律文书中叙明。

《工伤保险条例》

第十四条 职工有下列情形之一的，应当认定为工伤：

（一）在工作时间和工作场所内，因工作原因受到事故伤害的；

（二）工作时间前后在工作场所内，从事与工作有关的预备性或者收尾性工作受到事故伤害的；

（三）在工作时间和工作场所内，因履行工作职责受到暴力等意外伤害的；

（四）患职业病的；

（五）因工外出期间，由于工作原因受到伤害或者发生事故下落不明的；

（六）在上下班途中，受到非本人主要责任的交通事故或者城市轨道交通、客运轮渡、火车事故伤害的；

（七）法律、行政法规规定应当认定为工伤的其他情形。

案 例

小亮在一家物流运输公司上班，每天的工作就是在物流集散中心取货，再给各个商户送货。今年是他在这个公司的第五年，业务熟练，五年内工作上几乎没有出现差错。天有不测风云，小亮在送货途中被人追尾，交警现场勘查出具事故认定书，认定对方全责，小亮撞到方向盘受伤，医院检查后发现有两根肋骨骨折需要手术，到出院共花费6万元。肇事司机只赔偿4万元，小亮找到老板要求

一读就懂的法律维权课

赔偿，老板认为肇事司机全责和自己没关系，小亮起诉至法院，要求老板承担赔偿责任。法院经审理认为，小亮和老板之间存在劳动关系，交通事故发生在工作过程中，老板应该承担补充赔偿责任，判决老板向小亮支付赔偿2万元。

驾驶机动车被行人"碰瓷"要求赔偿，驾驶人该如何处理？

分析解读

碰瓷在法律上来说属于敲诈，如果金额较大可能涉及刑法规定的敲诈勒索罪。

那我们如果在现实生活中遇到碰瓷的人，应该怎么处理呢？首先保持冷静不要慌张，收集并保存证据证明自己清白，然后打电话报警，在事故责任认定之前不要和对方发生冲突，并拍照留存证据。如果和碰瓷人交谈要进行录音或者录像，车上有行车记录仪的要保证记录事件的全过程，然后稳住碰瓷人等待交警来处理。如果碰瓷人称撞倒自己，必须到医院做完检查再谈赔偿事宜，其间最好不要支付任何费用。遇到威胁自己的，锁上车门不要下车。

法条援引

《中华人民共和国道路交通安全法》

第七十条 在道路上发生交通事故，车辆驾驶人应当立即停车，保护现场；造成人身伤亡的，车辆驾驶人应当立即抢救受伤人员，并迅速报告执勤的交通警察或者公安机关交通管理部门。因抢救受伤人员变动现场的，应当标明位置。乘车人、过往车辆驾驶人、过往行人应当予以协助。

在道路上发生交通事故，未造成人身伤亡，当事人对事实及成因无争议的，可以即行撤离现场，恢复交通，自行协商处理损害赔偿事宜；不即行撤离现场的，应当迅速报告执勤的交通警察或者公安机关交通管理部门。

在道路上发生交通事故，仅造成轻微财产损失，并且基本事实清楚的，当事人应当先撤离现场再进行协商处理。

第七十六条 机动车发生交通事故造成人身伤亡、财产损失的，由保险公司在机动车第三者责任强制保险责任限额范围内予以赔偿；不足的部分，按照下列规定承担赔偿责任：

（一）机动车之间发生交通事故的，由有过错的一方承担赔偿责任；双方都有过错的，按照各自过错的比例分担责任。

（二）机动车与非机动车驾驶人、行人之间发生交通事故，非机动车驾驶人、行人没有过错的，由机动车一方承担赔偿责任；有证据证明非机动车驾驶人、行人有过错的，根据过错程度适当减轻机动车一方的赔偿责任；机动车一方没有过错的，承担不超过百分之十的赔偿责任。

交通事故的损失是由非机动车驾驶人、行人故意碰撞机动车造成的，机动车一方不承担赔偿责任。

《中华人民共和国刑法》

第二百六十六条 诈骗公私财物，数额较大的，处三年以下有期徒刑、拘役或者管制，并处或者单处罚金；数额巨大或者有其他严重情节的，处三年以上十年以下有期徒刑，并处罚金；数额特别巨大或者有其他特别严重情节的，处十年以上有期徒刑或者无期徒刑，并处罚金或者没收财产。本法另有规定的，依照规定。

案　　例

　　浙江温州的李某到河南驻马店自驾出差，在谈完生意后准备返程，自己在路边停车接电话，有一老太太在自己车前突然坐下把腿放在车下称自己被撞了。李某明白自己遇到碰瓷了，第一时间打电话报警，然后打开手机进行录像并询问老人情况。老人称自己被撞到，现在无法站起来，要求赔偿五千元。李某称先去医院做检查确定受伤情况再谈赔偿的事，老太太坐在地上不起来一直在哭闹说自己腿折了站不起来，让李某把她扶起来，李某说打电话叫救护车，老太说自己不能独立行走。在交谈期间，交警接电话赶来，对现场进行拍照取证，李某也把自己保留的证据提供给交警。交警问老太太腿是不是真的折了，老太太说折了，交警准备叫车带她去医院，老太太突然站起来跑得无影无踪。交警告诉李某这是个碰瓷的，以后自己要小心，防止被骗。

第六章

房产与物业

实际情况与宣传册中的效果图不同，购房者能否要求退房？

分析解读

根据商品房买卖合同纠纷司法解释，商品房的销售广告和宣传资料视为要约邀请，出卖人对商品房开发规划范围内的房屋及相关设施所作说明和允诺要明确。如果这些说明和允诺会对房屋买卖合同的订立以及房屋价格产生重大影响，那出卖人所作说明和允诺应当视为要约，购买人受宣传影响进店在出卖人的说明下作出买房的承诺，双方合同成立。即使出卖方所作说明和允诺没有在合同中写明，也应该把该内容作为合同的一部分，出卖方违反的应承担违约责任，购买者可以退房。

出卖方有违约行为不是必然导致合同解除，出现以下情况时可以解除合同：不可抗力导致合同不能实现；履行期限届满之前，一方当事人明确表示或者实际行动表明不会履行主债务；当事人一方迟延履行主债务，经过催告在合理期限内仍未履行；当事人一方迟延履行或者违约行为导致合同目的不能实现。

法条援引

《商品房销售管理办法》

第七条 商品房现售，应当符合以下条件：

(一)现售商品房的房地产开发企业应当具有企业法人营业执照和

房地产开发企业资质证书；

（二）取得土地使用权证书或者使用土地的批准文件；

（三）持有建设工程规划许可证和施工许可证；

（四）已通过竣工验收；

（五）拆迁安置已经落实；

（六）供水、供电、供热、燃气、通讯等配套基础设施具备交付使用条件，其他配套基础设施和公共设施具备交付使用条件或者已确定施工进度和交付日期；

（七）物业管理方案已经落实。

《中华人民共和国民法典》

第五百六十二条 当事人协商一致，可以解除合同。

当事人可以约定一方解除合同的事由。解除合同的事由发生时，解除权人可以解除合同。

第五百六十三条 有下列情形之一的，当事人可以解除合同：

（一）因不可抗力致使不能实现合同目的；

（二）在履行期限届满前，当事人一方明确表示或者以自己的行为表明不履行主要债务；

（三）当事人一方迟延履行主要债务，经催告后在合理期限内仍未履行；

（四）当事人一方迟延履行债务或者有其他违约行为致使不能实现合同目的；

（五）法律规定的其他情形。

以持续履行的债务为内容的不定期合同，当事人可以随时解除合同，但是应当在合理期限之前通知对方。

第五百六十四条 法律规定或者当事人约定解除权行使期限，期限届满当事人不行使的，该权利消灭。

法律没有规定或者当事人没有约定解除权行使期限，自解除权人知道或者应当知道解除事由之日起一年内不行使，或者经对方催告后在合理期限内不行使的，该权利消灭。

案 例

2018年10月石某与开发商签订房屋买卖合同，合同约定2020年2月交房，到期开发商未能按时交房。石某将开发商诉至法院，认为开发商未按时交房应承担违约责任，并且房屋与宣传不相符，宣传资料是一梯两户实际是一梯三户，要求解除合同，返还自己已经支付房款。法院经调查发现开发商未按时交房是因疫情导致，属于不可抗力，房屋买卖合同中有关于房屋户型的说明，因不可抗力导致延期履行可以解除合同，法院判决双方解除合同，开发商退还石某购房款及产生的利息。

开发商逾期交房，应当承担什么责任？

分析解读

逾期交房是指房屋在规定时间内或者开发商承诺的交付期内没有交付的行为，开发商逾期交房应当承担违约责任。开发商逾期交房后，经购房者催告，三个月内依约交房的，购房者可以要求对逾期时间产生的损失进行赔偿；如果经购房者催告，三个月内仍未交房并且无法给出正当理由的，购买者可以要求解除合同。

开发商逾期交房，如果购买人要求开发商继续履行合同，开发商在继续履行合同的同时要支付违约金，在合同约定交房之日起每超过一日，开发商应根据合同中双方约定具体金额支付违约金；如果购买者选择解除合同，开发商需要退还购买者已经支付的购房款本金和利息，同时支付合同中约定的违约金。

开发商逾期交房因不可抗力产生，仍需要承担违约，只是违约责任可以适当减少。

法条援引

《中华人民共和国民法典》

第五百六十三条　有下列情形之一的，当事人可以解除合同：

（一）因不可抗力致使不能实现合同目的；

（二）在履行期限届满前，当事人一方明确表示或者以自己的行为表明不履行主要债务；

（三）当事人一方迟延履行主要债务，经催告后在合理期限内仍未履行；

（四）当事人一方迟延履行债务或者有其他违约行为致使不能实现合同目的；

（五）法律规定的其他情形。

以持续履行的债务为内容的不定期合同，当事人可以随时解除合同，但是应当在合理期限之前通知对方。

第五百六十四条　法律规定或者当事人约定解除权行使期限，期限届满当事人不行使的，该权利消灭。

法律没有规定或者当事人没有约定解除权行使期限，自解除权人知道或者应当知道解除事由之日起一年内不行使，或者经对方催告后在合理期限内不行使的，该权利消灭。

第五百七十七条　当事人一方不履行合同义务或者履行合同义务不符合约定的，应当承担继续履行、采取补救措施或者赔偿损失等违约责任。

第五百七十八条　当事人一方明确表示或者以自己的行为表明不履行合同义务的，对方可以在履行期限届满前请求其承担违约责任。

第五百八十五条　当事人可以约定一方违约时应当根据违约情况向对方支付一定数额的违约金，也可以约定因违约产生的损失赔偿额的计算方法。

约定的违约金低于造成的损失的，人民法院或者仲裁机构可以根据当事人的请求予以增加；约定的违约金过分高于造成的损失的，人民法院或者仲裁机构可以根据当事人的请求予以适当减少。

当事人就迟延履行约定违约金的，违约方支付违约金后，还应当履行债务。

《商品房销售管理办法》

第三十条　房地产开发企业应当按照合同约定，将符合交付使用条件的商品房按期交付给买受人。未能按期交付的，房地产开发企业应当承担违约责任。

因不可抗力或者当事人在合同中约定的其他原因，需延期交付的，房地产开发企业应当及时告知买受人。

案 例

2015年段某与开发商签订房屋买卖合同，购买大理市某小区一处房产，房屋建筑面积96.36平方米，总价款63万元，合同约定2017年底交房，段某通过按揭方式付款。2017年底开发商并未按期交房，直到2018年8月才交房。段某本来计划在2017年底房子下来后进行装修，并于2018年6月结婚时作为婚房使用，由于开发商逾期交房自己计划泡汤，只能在外面租房。段某找开发商协商要求其承担违约责任，按合同支付违约金，开发商不同意，段某只能向法院提起诉讼，要求开发商承担违约责任。法院经审理认为，开发商逾期交房确属违约应当承担违约责任。开发商称自己逾期交房是不可抗力导致，当地政府因环保需要多次要求停工。经查情况属实，但是不可抗力只能减轻责任不能免除，判决开发商支付段某违约金1.3万元。

开发商迟延办理不动产权属证书，应当承担什么责任？

分析解读

不动产权属就好比身份证，是对不动产身份的确认，有证才有权利，才能对抗第三人，保障交易安全。不动产权属证书正常来说由拥有该不动产的自然人去申请，开发商在建造房屋进行销售时就要把不动产权属证书办下来，但是在现实生活中，有些购房者的房屋已经交付了，不动产权属证书却还没拿到。如果开发商延期办理不动产权属证书，应当承担违约责任。

在房屋买卖合同关系中，购房者在房屋交付之后对房屋有了使用权，房屋的所有权则需要进行产权登记才能获得，因此购房者在房屋交付之后应立即办理产权登记手续，拿到不动产权属证书。开发商交付房屋同时保证房屋所有权转移给购房者，这是开发商的一项义务。

购房者在房屋交付之日起九十日内，应办理土地使用权变更和房屋所有权登记手续，开发商要协助购房者进行办理并提供相关的证明文件。如果开发商延期办理不动产权属证书，将需要承担违约责任。开发商逾期办理房产证按照合同约定承担违约金，如果合同没有约定违约金则按照购房人的实际损失承担责任，合同没有约定违约金或者损失数额难以确定的，可以按照已付购房款总额，根据金融机构贷款利息进行计算。如果因为开发商原因导致办理不动产权属证书逾期超过一年的，购房者可以解除房屋买卖合同并要求开发商承担违约责任，进行赔偿。

法条援引

《城市房地产开发经营管理条例》

第三十二条 预售商品房的购买人应当自商品房交付使用之日起90日内，办理土地使用权变更和房屋所有权登记手续；现售商品房的购买人应当自销售合同签订之日起90日内，办理土地使用权变更和房屋所有权登记手续。房地产开发企业应当协助商品房购买人办理土地使用权变更和房屋所有权登记手续，并提供必要的证明文件。

《商品房销售管理办法》

第三十四条 房地产开发企业应当在商品房交付使用前按项目委托具有房产测绘资格的单位实施测绘，测绘成果报房地产行政主管部门审核后用于房屋权属登记。

房地产开发企业应当在商品房交付使用之日起60日内,将需要由其提供的办理房屋权属登记的资料报送房屋所在地房地产行政主管部门。

房地产开发企业应当协助商品房买受人办理土地使用权变更和房屋所有权登记手续。

案例

2016年家住甘肃的苏某在市区购买房屋一套,苏某和开发商签订房屋买卖合同,约定2018年3月交房,在交房同时办理产权登记。2018年3月开发商如期交房,在苏某提出办理不动产证书时,开发商表示需要再收取5000元办证费用,苏某不懂按开发商要求转账,开发商收钱后也没有及时办理,以各种理由推脱,直到2019年1月才把不动产证书办下来。苏某认为开发商违约和其协商支付违约金,开发商不予理睬,苏某只能起诉至法院。法院经审理认为,开发商有义务协助苏某办理不动产证书,开发商延期办理属于违约行为,应承担违约责任,判决开发商向苏某支付违约金2万元。

中介公司未尽审查义务,应承担什么责任?

分析解读

在房屋买卖过程中,中介公司的作用不言而喻,弥补买卖双方信息不通畅,好比河上的小船,连接着河两岸之间的交流。中介作用如此之大,同样也承担着重要的审查义务,比如对买卖双方的身份、房屋权属、信用资信等信息的真实性的核查。如果中介公司未尽到审查义务，应该承担什么责任？中介公司应在过错范围内承担赔偿责任。

中介公司的审查义务包括以下几个方面：对房屋状况的审查，例如房屋所有权人、房屋使用年限、房屋是否存在抵押居住权等；对房屋现在使用状况的审查，例如房屋是否在出租、房屋装修情况、房屋的水电燃气物业费交纳情况等；对买卖双方身份的审查，例如购房者是否有购买资格等。

中介公司属于居间人，提供服务，收取费用，如果不能适当履行居间义务需要承担赔偿责任。居间人也就是中介公司应该向委托人如实报告，故意隐瞒与订立合同相关的重要事实或者提供虚假情况，损害委托人利益的，不得要求委托人支付报酬还应当承担损害赔偿责任。中介公司未能尽到审查义务，未发现一方提供的材料存在重大瑕疵或者缺陷，导致委托方的利益受到损害的，中介公司应该在过错范围内承担赔偿责任。

法条援引

《中华人民共和国民法典》

第九百六十一条 中介合同是中介人向委托人报告订立合同的机会或者提供订立合同的媒介服务，委托人支付报酬的合同。

第九百六十二条 中介人应当就有关订立合同的事项向委托人如实报告。

中介人故意隐瞒与订立合同有关的重要事实或者提供虚假情况，损害委托人利益的，不得请求支付报酬并应当承担赔偿责任。

第九百六十三条 中介人促成合同成立的，委托人应当按照约定支付报酬。对中介人的报酬没有约定或者约定不明确，依据本法第五百一十条的规定仍不能确定的，根据中介人的劳务合理确定。因中介人提供订立合同的媒介服务而促成合同成立的，由该合同的当事人平均负担中介人的报酬。

中介人促成合同成立的，中介活动的费用，由中介人负担。

第九百六十四条　中介人未促成合同成立的，不得请求支付报酬；但是，可以按照约定请求委托人支付从事中介活动支出的必要费用。

第九百六十五条　委托人在接受中介人的服务后，利用中介人提供的交易机会或者媒介服务，绕开中介人直接订立合同的，应当向中介人支付报酬。

《房地产经纪管理办法》

第二十二条　房地产经纪机构与委托人签订房屋出售、出租经纪服务合同，应当查看委托出售、出租的房屋及房屋权属证书，委托人的身份证明等有关资料，并应当编制房屋状况说明书。经委托人书面同意后，方可以对外发布相应的房源信息。

房地产经纪机构与委托人签订房屋承购、承租经纪服务合同，应当查看委托人身份证明等有关资料。

案　例

广州市某中介公司业务员小汪受到张三委托出售某小区房屋一套。马上月底，小汪为了冲业绩，在受到委托后未对房屋产权情况审查就将房屋信息挂在网上。王五在网上看到房屋售卖信息后联系小汪，看房后很满意，决定购买该房屋。小汪联系张三告知情况，在张三和王五谈好价格后，签订房屋买卖合同，王五支付全部款项60万。在办理不动产登记时出现问题，房屋所有人是李四不是张三，张三出售房屋也没有得到李四授权，房屋登记机关不予进行产权变更。王五觉得自己被骗向法院提起诉讼，要求解除合同退还自己购房款，并赔偿自己损失。法院经审理认为，房屋确系李四所有，张三在未被授权情况下无权出售房屋，因此合同无效，中介小汪未尽到审查义务应负有赔偿责任。法院判决，张三退还王五购房款 60 万元，并支付赔偿费用 8000 元，中介小汪向王五支付赔偿费用 6000 元，自判决生效之日起十五日内完成赔偿支付。

小区墙面广告的收入该归谁所有？

分析解读

根据我国相关法律规定，对于小区内的公共设施和公共场所是否设置广告，如何收费，收益如何分配应该由小区业主决定。业主可以自行管理建筑物及附属设施，也可以委托物业公司管理，物业公司根据业主的委托管理并且要接受业主监督。利用公共场所或者公共设备进行经营的要得到业主大会的同意，办理相关手续。由此可见，小区墙面广告是否出租要由业主大会决定，物业只是受到业主的委托进行管理，物业不得擅自出租广告摊位，广告收入属于全体业主，具体如何使用由业主大会决定。物业因为受委托管理，在获得广告收入后，业主大会可根据物业具体工作内容支付一定报酬。

如果广告只是在部分业主所有的地方，例如二号楼的墙面或四号楼电梯内，那取得收益归这部分业主所有。

总之一句话，墙面广告收入归业主所有，占用小区公共场所或者设施收入属于全体业主；占用部分业主场所收入属于该部分所有的业主。

法条援引

《中华人民共和国民法典》

第二百七十一条 业主对建筑物内的住宅、经营性用房等专有部分享有所有权，对专有部分以外的共有部分享有共有和共同管理的权利。

第二百七十二条 业主对其建筑物专有部分享有占有、使用、收益和处分的权利。业主行使权利不得危及建筑物的安全，不得损害其他业主的合法权益。

第二百七十四条 建筑区划内的道路，属于业主共有，但是属于城镇公共道路的除外。建筑区划内的绿地，属于业主共有，但是属于城镇公共绿地或者明示属于个人的除外。建筑区划内的其他公共场所、公用设施和物业服务用房，属于业主共有。

第二百八十二条 建设单位、物业服务企业或者其他管理人等利用业主的共有部分产生的收入，在扣除合理成本之后，属于业主共有。

第二百八十三条 建筑物及其附属设施的费用分摊、收益分配等事项，有约定的，按照约定；没有约定或者约定不明确的，按照业主专有部分面积所占比例确定。

《物业管理条例》

第五十四条 利用物业共用部位、共用设施设备进行经营的，应当在征得相关业主、业主大会、物业服务企业的同意后，按照规定办理有关手续。业主所得收益应当主要用于补充专项维修资金，也可以按照业主大会的决定使用。

第六十三条 违反本条例的规定,有下列行为之一的,由县级以上地方人民政府房地产行政主管部门责令限期改正,给予警告,并按照本条第二款的规定处以罚款;所得收益,用于物业管理区域内物业共用部位、共用设施设备的维修、养护,剩余部分按照业主大会的决定使用:

(一)擅自改变物业管理区域内按照规划建设的公共建筑和共用设施用途的;

(二)擅自占用、挖掘物业管理区域内道路、场地,损害业主共同利益的;

(三)擅自利用物业共用部位、共用设施设备进行经营的。

个人有前款规定行为之一的,处1000元以上1万元以下的罚款;单位有前款规定行为之一的,处5万元以上20万元以下的罚款。

案 例

2015年成都市某小区建成交付给业主,某物业公司开始对该小区进行物业管理。2015年10月当地一家火锅店找到物业想在小区所有电梯内投放广告,经过协商,火锅店和物业达成一致,每年支付9000元广告费,在电梯内播出该火锅店的宣传视频。在广告投放后不久,有小区业主发现有广告投放,在业主群里询问情况,大家纷纷表示对此事一无所知,业主大会安排人员调查了解此事,得知是物业私自与火锅店达成协议投放广告。业主大会找到物业协商,要求物业把广告所得交给业主大会,物业认为自己负责小区日常管理有权同意广告投放,业主大会因此将物业公司起诉至法院。法院经审理认为,对于小区内公共场所和设施的使用要经过业主大会同意,物业无权处理,广告收入所得属于全体业主，判决物业把广告所得交给业主大会，业主大会需支付物业报酬 1000 元。

小区无人管理又遇突发应急事件怎么办？

分析解读

小区一般都会成立业主委员，全权处理小区内的事情，物业公司和业主委员会签订合同来负责小区日常管理。物业公司为小区服务，受全体业主监督，这是一个小区正常的管理状态。有些小区刚成立或者因为某些原因小区现在既没有物业公司也没有成立业主委员会，如果这个时候发生应急事件我们应该怎么办？小区全体业主要团结一致，找小区所属社区街道办，由社区街道办领导进行指挥，小区业主积极配合，以最快的速度、最小的代价，解决应急事件。

当然不同的应急事件处理方式也不一样，例如出现火灾应及时拨打火警电话，组织群众疏散，积极抢救财产，利用一切可用条件灭火；如果是发生交通事故，及时报警，组织人员维持现场秩序，有人员伤亡及时送往医院或者拨打急救电话，疏导好交通。

法条援引

《中华人民共和国民法典》

第二百八十五条　物业服务企业或者其他管理人根据业主的委托，依照本法第三编有关物业服务合同的规定管理建筑区划内的建筑物及其附属设施,接受业主的监督,并及时答复业主对物业服务情况提出的询问。

物业服务企业或者其他管理人应当执行政府依法实施的应急处置措施和其他管理措施,积极配合开展相关工作。

第二百八十六条 业主应当遵守法律、法规以及管理规约,相关行为应当符合节约资源、保护生态环境的要求。对于物业服务企业或者其他管理人执行政府依法实施的应急处置措施和其他管理措施,业主应当依法予以配合。

业主大会或者业主委员会,对任意弃置垃圾、排放污染物或者噪声、违反规定饲养动物、违章搭建、侵占通道、拒付物业费等损害他人合法权益的行为,有权依照法律、法规以及管理规约,请求行为人停止侵害、排除妨碍、消除危险、恢复原状、赔偿损失。

业主或者其他行为人拒不履行相关义务的,有关当事人可以向有关行政主管部门报告或者投诉,有关行政主管部门应当依法处理。

《物业管理条例》

第四十五条 对物业管理区域内违反有关治安、环保、物业装饰装修和使用等方面法律、法规规定的行为,物业服务企业应当制止,并及时向有关行政管理部门报告。

有关行政管理部门在接到物业服务企业的报告后,应当依法对违法行为予以制止或者依法处理。

第四十六条 物业服务企业应当协助做好物业管理区域内的安全防范工作。发生安全事故时,物业服务企业在采取应急措施的同时,应当及时向有关行政管理部门报告,协助做好救助工作。

物业服务企业雇请保安人员的,应当遵守国家有关规定。保安人员在维护物业管理区域内的公共秩序时，应当履行职责，不得侵害公民的合法权益。

案例

河南省濮阳市某小区建成交房，业主开始陆续入住。之前开发商聘用的物业公司到期没有续约，现在小区没有物业管理，小区业主还没全部入住，业主委员会没有成立。这天3号楼7层突然发生火灾，小区业主第一时间拨打火警电话报警，有人去找社区，部分人自行下楼躲避。社区领导到达后组织业主疏散群众，抢救屋内财产，消防人员到达现场后协助疏散进行灭火。半个小时之后火已经被全部扑灭，人员疏散过程中未出现人员伤亡，屋内财产抢救及时损失不大。事后小区业主第一时间组织成立业主委员会来主持小区内事物，重新聘用物业公司管理小区日常，服务小区业主。

业主以房子未过户为由拒绝支付物业费怎么办？

分析解读

如果业主拒绝支付物业费，物业公司一般会先通过上门或者电话等方式，了解业主拖欠原因，如果问题确实存在物业应及时解决。如果业主反映问题已经解决，业主仍不支付物业费，物业可以发放物业费催缴通知书，让业主在限定时间内支付，对拒不支付物业费人员在小区进行公示。建立机关、事业单位工作人员欠费抄告制度，对公职人员未及时支付物业费人员抄告其单位，督促其配合物业工作及时支付物业费。经过上述沟通后，业主仍拒不支付物业费的，物业公司可以向法院提起诉讼，通过司法机关来维护自己合法权益。

业主也不是在任何情况下都要支付物业费，如果出现以下几种情况业主可以拒绝支付物业费：物业公司要求业主从签订购房合同开始支付物业费的，物业费收取应该是在业主实际入住后；物业公司没有和业主签订合同；物业公司要求业主承担其他公共设备的费用；物业公司没有履行应尽义务；物业公司对业主的服务不属于合同规定内容的；物业公司私自提高物业收费标准的；因房屋质量问题未交房的，物业费由开发商承担；物业公司缺少审批文件。

法条援引

《中华人民共和国民法典》

第九百四十三条 物业服务人应当定期将服务的事项、负责人员、质量要求、收费项目、收费标准、履行情况，以及维修资金使用情况、业主共有部分的经营与收益情况等以合理方式向业主公开并向业主大会、业主委员会报告。

第九百四十四条 业主应当按照约定向物业服务人支付物业费。物业服务人已经按照约定和有关规定提供服务的，业主不得以未接受或者无需接受相关物业服务为由拒绝支付物业费。

业主违反约定逾期不支付物业费的，物业服务人可以催告其在合理期限内支付；合理期限届满仍不支付的，物业服务人可以提起诉讼或者申请仲裁。

物业服务人不得采取停止供电、供水、供热、供燃气等方式催交物业费。

《物业管理条例》

第四十条 物业服务收费应当遵循合理、公开以及费用与服务水平相适应的原则，区别不同物业的性质和特点，由业主和物业服务企业按照国务院价格主管部门会同国务院建设行政主管部门制定的物业服务收费办法，在物业服务合同中约定。

第四十一条 业主应当根据物业服务合同的约定交纳物业服务费用。业主与物业使用人约定由物业使用人交纳物业服务费用的，从其约定，业主负连带交纳责任。

已竣工但尚未出售或者尚未交给物业买受人的物业，物业服务费用由建设单位交纳。

案 例

2017年4月武汉市某村村民张某、王某、李某、赵某四人先后在县城某新建成的小区购买房子入住。小区的开发商和物业公司签订合同，合同约定物业公司负责小区内公共设施的维护、公共场地的清洁卫生、垃圾收集、绿化的管理、车辆停放、公共秩序维护。小区成立业主委员会，认为该物业公司服务一般，投票决定和物业公司在2019年1月合同到期后解除合同。刚入住不久的张王李赵四人因物业服务差一直未支付物业费，2018年6月物业公司向法院提起诉讼，要求张王李赵四人支付物业费。法院经审理认为，物业公司只安排四名60岁以上人员维持小区的日常工作，经常不及时清理垃圾导致堆放，在上下班高峰时段小区门口拥挤不堪，物业工作人员不进行梳理，车辆无法正常进出小区，物业公司没有履行应尽义务，但还是完成一定服务，判决张王李赵四人减半支付物业费。

物业费涨价，业主是否有权拒绝支付？

分析解读

物业管理费是依据物价部门的指导价格，由物业服务公司和业主共同协商确定的。如果物业服务公司擅自调高物业费，没有经过业主委员会同意或者没有按照物价局规定收费，业主可以拒绝支付物业费；如果物业公司对物业费涨价得到物价局认可，并且业主委员会同意，物业费的涨幅不超过之前物业费的20%，那业主应按时支付物业费。

物业费的调整事关全体业主的共同利益，属于应由业主共同决定的重大事项，应当严格按照法律规定的程序进行，依法召开业主大会，由业主共同协商后共同表决确定。物业管理公司与业主分别签订物业服务合同的行为，即便人数达到了法律规定的标准，但与召开业主大会共同表决的过程存在本质区别，不符合法律规定的业主决定重大事项的程序，不能产生对其他业主具有法律约束力的效果。

法条援引

《中华人民共和国民法典》

第九百三十七条 物业服务合同是物业服务人在物业服务区域内，为业主提供建筑物及其附属设施的维修养护、环境卫生和相关秩序的管理维护等物业服务，业主支付物业费的合同。

物业服务人包括物业服务企业和其他管理人。

第九百四十三条　物业服务人应当定期将服务的事项、负责人员、质量要求、收费项目、收费标准、履行情况，以及维修资金使用情况、业主共有部分的经营与收益情况等以合理方式向业主公开并向业主大会、业主委员会报告。

《物业管理条例》

第四十条　物业服务收费应当遵循合理、公开以及费用与服务水平相适应的原则，区别不同物业的性质和特点，由业主和物业服务企业按照国务院价格主管部门会同国务院建设行政主管部门制定的物业服务收费办法，在物业服务合同中约定。

第四十一条　业主应当根据物业服务合同的约定交纳物业服务费用。业主与物业使用人约定由物业使用人交纳物业服务费用的，从其约定，业主负连带交纳责任。

已竣工但尚未出售或者尚未交给物业买受人的物业，物业服务费用由建设单位交纳。

第四十二条　县级以上人民政府价格主管部门会同同级房地产行政主管部门，应当加强对物业服务收费的监督。

── 案　例 ──

陕西省西安市某小区系新建小区，刚交房不久，小区还未成立业主委员会。现在服务小区的物业是之前开发商签订合同任用的，其物业费按照每平方米 1.1 元收取。2017 年 5 月物业公司在未召开业主大会征求业主同意的情况下，发出物业费按每平方米 1.5 元收取的通知，业主需要在 7 月底之前到物业签字确认。6 月中旬，物业公司声称已经有超过半数的业主签字确认，从 8 月开始物业费按照每平方米 1.5 元收取。小区业主老蒯认为物业公司将物业费上涨不合理，因此拒不支付物业费，物业公司将老蒯诉至法院，要求其支付物业费。法院经调查了解，物业公司所谓业主超过半数签字确认，是物业公司自己伪造，物业公司在调价前未告知相关部门，物业公司调价行为不符合法律规定，判决老蒯按照之前标准支付物业费。

业主被高空坠物砸伤，无法确定侵权人怎么办？

分析解读

高空抛物是指在行为人从建筑物或者其他高空抛掷物品，根据具体情节可以处一年以下有期徒刑、拘役或者管制，并处或者单处罚金。

高空抛物造成他人人身伤害或者财产损失的，属于民事侵权的违法行为。高空抛物适用过错原则，是谁的过错谁来承担责任。如果是无法找到侵权人的适用无过错原则，除非能证明自己没有过错，否则需要承担赔偿责任。高空抛物由谁来承担责任？责任由侵权责任发生时建筑物的实际使用人承担，包括无法证明自己不是侵权人的建筑物所有人、承租人、借用人以及高空抛物行为实施人。

能证明自己不是侵权人或者能确定具体侵权人，这两种情况下可以免责。那怎样证明自己不是侵权人，首先是侵权发生时自己不在建筑物内，其次是自己没有造成损害产生的物品，最后是自己所在的位置不具备抛物致人损伤的可能。

法条援引

《中华人民共和国民法典》

第一千二百五十二条 建筑物、构筑物或者其他设施倒塌、塌陷造成他人损害的，由建设单位与施工单位承担连带责任，但是建设单位与施工单位能够证明不存在质量缺陷的除外。建设单位、施工单位赔偿后，有其他责任人的，有权向其他责任人追偿。

因所有人、管理人、使用人或者第三人的原因，建筑物、构筑物或者其他设施倒塌、塌陷造成他人损害的，由所有人、管理人、使用人或者第三人承担侵权责任。

第一千二百五十三条 建筑物、构筑物或者其他设施及其搁置物、悬挂物发生脱落、坠落造成他人损害，所有人、管理人或者使用人不能证明自己没有过错的，应当承担侵权责任。所有人、管理人或者使用人赔偿后，有其他责任人的，有权向其他责任人追偿。

第一千二百五十四条 禁止从建筑物中抛掷物品。从建筑物中抛掷物品或者从建筑物上坠落的物品造成他人损害的，由侵权人依法承担侵权责任；经调查难以确定具体侵权人的，除能够证明自己不是侵权人的外，由可能加害的建筑物使用人给予补偿。可能加害的建筑物使用人补偿后,有权向侵权人追偿。

物业服务企业等建筑物管理人应当采取必要的安全保障措施防止前款规定情形的发生;未采取必要的安全保障措施的,应当依法承担未履行安全保障义务的侵权责任。

发生本条第一款规定的情形的,公安等机关应当依法及时调查,查清责任人。

《中华人民共和国刑法》

第二百九十一条之二　从建筑物或者其他高空抛掷物品,情节严重的,处一年以下有期徒刑、拘役或者管制,并处或者单处罚金。

有前款行为,同时构成其他犯罪的,依照处罚较重的规定定罪处罚。

案　例

河南郑州的小任住在小区22层,其是一名资深游戏玩家,经常玩游戏到凌晨三四点钟。2015年4月的一天,小任熬夜玩完游戏后正在睡觉,被一阵敲门声叫醒,开门后发现警察站在门口。原来凌晨六点左右小区发生火灾,根据邻居家安装的摄像头拍摄的证据判断火灾可能是小任引起的。警察经过调查确认火灾由小任引发,其一边玩游戏一边抽烟,将烟头随手从窗户扔到楼下,从而引发火灾,小任高空抛物的行为证据确凿。郑州市检察院对其提起诉讼,最终法院判决小任有期徒刑五个月,并处罚金1万元。

身份证与房屋所有权的名字不一致，怎么办？

分析解读

如果身份证和房屋所有权的名字不一致，以身份证为准，需要重新办理房产证。如果是房产证上的名字登记是错误的，你需要带着房产证、户口簿和身份证到所在社区开具证明，社区需要盖章，证明房产证上名字和身份证上名字是同一人，然后去当地房产局办理更换房产证。如果是权利人自身更改姓名的，只需要申请变更名称就可以，如果是买卖或者赠与需要变成对方名字的，双方办理过户登记就可以，如果是遗产继承更改名字的，需要经过公证机关公证后再申请过户。

法条援引

《中华人民共和国民法典》

第二百二十条　权利人、利害关系人认为不动产登记簿记载的事项错误的，可以申请更正登记。不动产登记簿记载的权利人书面同意更正或者有证据证明登记确有错误的，登记机构应当予以更正。

不动产登记簿记载的权利人不同意更正的，利害关系人可以申请异议登记。登记机构予以异议登记，申请人自异议登记之日起十五日内不提起诉讼的，异议登记失效。异议登记不当，造成权利人损害的，权利人可以向申请人请求损害赔偿。

第二百二十二条 当事人提供虚假材料申请登记，造成他人损害的，应当承担赔偿责任。

因登记错误，造成他人损害的，登记机构应当承担赔偿责任。登记机构赔偿后，可以向造成登记错误的人追偿。

《不动产登记暂行条例》

第十七条 不动产登记机构收到不动产登记申请材料，应当分别按照下列情况办理：

（一）属于登记职责范围，申请材料齐全、符合法定形式，或者申请人按照要求提交全部补正申请材料的，应当受理并书面告知申请人；

（二）申请材料存在可以当场更正的错误的，应当告知申请人当场更正，申请人当场更正后，应当受理并书面告知申请人；

（三）申请材料不齐全或者不符合法定形式的，应当当场书面告知申请人不予受理并一次性告知需要补正的全部内容；

（四）申请登记的不动产不属于本机构登记范围的，应当当场书面告知申请人不予受理并告知申请人向有登记权的机构申请。

不动产登记机构未当场书面告知申请人不予受理的，视为受理。

第十八条 不动产登记机构受理不动产登记申请的，应当按照下列要求进行查验：

（一）不动产界址、空间界限、面积等材料与申请登记的不动产状况是否一致；

（二）有关证明材料、文件与申请登记的内容是否一致；

（三）登记申请是否违反法律、行政法规规定。

第二十一条 登记事项自记载于不动产登记簿时完成登记。

不动产登记机构完成登记，应当依法向申请人核发不动产权属证书或者登记证明。

案 例

70岁的老刘头住在涿州市某小区，房子是自己三十多年前买的。老刘头因为岁数大了，儿子让其跟着自己来石家庄住，于是决定将自己的房子卖掉。后和关某达成一致，二人签订房屋买卖合同，在办理过户登记时，工作人员告知无法办理，因为老刘头的身份证和房产证名字不一致。原来老刘头身份证上是刘某钊，房产证是刘某昭，除此之外其他信息完全一致，应该是当时自己买房没注意录入信息有错误。工作人员告知老刘头需要办理变更登记，先到社区开个证明，然后把房产证上的名字进行变更登记改成自己身份证上的名字，之后才能和关某办理过户。老刘头按照工作人员告知的流程操作，历时一个月完成变更登记，然后和关某办理过户。老刘头差点因为三十多年前一个录入错误导致房子无法买卖。

在单位买房，离开单位后还能不能办房产证？

分析解读

首先我们需要知道什么是单位房？单位房是单位给员工的一种福利。员工根据单位的福利政策购买房屋，购买价格是远低于市场价值的。关于房屋的产权问题，如果房屋是集资建房，房屋的产权为单位所有。单位集资建房是为了解决职工住房问题，房屋建成后，员工可以低价购买，员工购买的是集资房的房屋使用权，房屋的产权不发生变动。如果单位房是房改房建设的房屋，员工获得的单位房是部分房屋产权。如果是员工与单位签订购买协议后，选择分期付款的，在房款还清之前，员工拥有房屋的部分产权。房款还清之后，员工拥有的是房屋的全部产权。

所以单位房的全部产权在一定的期限内是不属于员工的，但是如果房屋的全部产权属于员工后，员工是可以办理房产证的。

法条援引

《中华人民共和国民法典》

第二百零九条　不动产物权的设立、变更、转让和消灭，经依法登记，发生效力；未经登记，不发生效力，但是法律另有规定的除外。

依法属于国家所有的自然资源，所有权可以不登记。

第二百一十条　不动产登记，由不动产所在地的登记机构办理。

国家对不动产实行统一登记制度。统一登记的范围、登记机构和登记办法，由法律、行政法规规定。

第二百一十一条　当事人申请登记，应当根据不同登记事项提供权属证明和不动产界址、面积等必要材料。

第二百一十四条　不动产物权的设立、变更、转让和消灭，依照法律规定应当登记的，自记载于不动产登记簿时发生效力。

第二百一十五条　当事人之间订立有关设立、变更、转让和消灭不动产物权的合同，除法律另有规定或者当事人另有约定外，自合同成立时生效；未办理物权登记的，不影响合同效力。

《不动产登记暂行条例》

第十四条　因买卖、设定抵押权等申请不动产登记的，应当由当事人双方共同申请。

属于下列情形之一的，可以由当事人单方申请：

（一）尚未登记的不动产首次申请登记的；

（二）继承、接受遗赠取得不动产权利的；

（三）人民法院、仲裁委员会生效的法律文书或者人民政府生效的决定等设立、变更、转让、消灭不动产权利的；

（四）权利人姓名、名称或者自然状况发生变化，申请变更登记的；

（五）不动产灭失或者权利人放弃不动产权利，申请注销登记的；

（六）申请更正登记或者异议登记的；

（七）法律、行政法规规定可以由当事人单方申请的其他情形。

案 例

小钱是某国企单位员工，单位给员工提供单位住房。后来单位房可以买卖，小钱于是购买一套，签订房屋买卖合同后支付了全部款项。在购买房屋后一个月，小钱因为个人原因离职，但是房屋还没有办理过户登记，于是找到单位负责人要求办理过户登记，负责人称其已经离职，不能办理登记。协商未果，小钱向法院提起诉讼，要求单位协助自己办理过户登记。法院经审理认为，小钱和单位之间的房屋买卖是双方真实意思表达，合同成立生效，合同成立的前提下即使小钱离职，单位也有义务协助其办理过户登记，判决单位协助小钱在十五日内办理过户登记。

第七章

职场与校园

一读就懂的法律维权课

用"末位淘汰制"解聘员工合法吗?

分析解读

首先需要知道什么情况下,单位可以解除劳动合同。《劳动合同法》规定,劳动者不能胜任工作,经过培训或者调整工作岗位,仍不能胜任工作的,用人单位提前三十日以书面形式通知劳动者或者额外支付劳动者一个月工资后,可以解除劳动合同。现实生活中,很多企业将"不能胜任此工作"与"末位淘汰"画等号,认为经过考核排在末位的员工不能胜任工作。然而客观上来说总有人是排在最后一位的,不可能所有人的绩效评分是一模一样的,所以"末位淘汰制"下排名最后的人必然被淘汰。该制度不能证明员工不能胜任此工作。因此用"末位淘汰制"辞退员工是不合法的。

当被末位淘汰时,不要因为自己是绩效考核的最后一名而觉得丢脸,接受用人单位的辞退安排。被末位淘汰是属于用人单位违法解除劳动合同,可以向人民法院提起诉讼,要求用人单位继续履行劳动合同或者支付赔偿金。

法条援引

《中华人民共和国劳动合同法》

第三十九条 劳动者有下列情形之一的,用人单位可以解除劳动合同：

（一）在试用期间被证明不符合录用条件的；

（二）严重违反用人单位的规章制度的；

（三）严重失职，营私舞弊，给用人单位造成重大损害的；

（四）劳动者同时与其他用人单位建立劳动关系，对完成本单位的工作任务造成严重影响，或者经用人单位提出，拒不改正的；

（五）因本法第二十六条第一款第一项规定的情形致使劳动合同无效的；

（六）被依法追究刑事责任的。

第四十条　有下列情形之一的，用人单位提前三十日以书面形式通知劳动者本人或者额外支付劳动者一个月工资后，可以解除劳动合同：

（一）劳动者患病或者非因工负伤，在规定的医疗期满后不能从事原工作，也不能从事由用人单位另行安排的工作的；

（二）劳动者不能胜任工作，经过培训或者调整工作岗位，仍不能胜任工作的；

（三）劳动合同订立时所依据的客观情况发生重大变化，致使劳动合同无法履行，经用人单位与劳动者协商，未能就变更劳动合同内容达成协议的。

第四十七条　经济补偿按劳动者在本单位工作的年限，每满一年支付一个月工资的标准向劳动者支付。六个月以上不满一年的，按一年计算；不满六个月的，向劳动者支付半个月工资的经济补偿。

劳动者月工资高于用人单位所在直辖市、设区的市级人民政府公布的本地区上年度职工月平均工资三倍的，向其支付经济补偿的标准按职工月平均工资三倍的数额支付，向其支付经济补偿的年限最高不超过十二年。

本条所称月工资是指劳动者在劳动合同解除或者终止前十二个月的平均工资。

第四十八条　用人单位违反本法规定解除或者终止劳动合同，劳动者要求继续履行劳动合同的，用人单位应当继续履行；劳动者不要求继续履行劳动合同或者劳动合同已经不能继续履行的，用人单位应当依照本法第八十七条规定支付赔偿金。

第八十七条　用人单位违反本法规定解除或者终止劳动合同的，应当依照本法第四十七条规定的经济补偿标准的二倍向劳动者支付赔偿金。

案　例

2018年4月19日，小李入职一家教育公司，双方签订了三年期劳动合同，小李的职务是课程销售。自2019年6月开始，公司为了提高业绩，宣布实施末位淘汰制度。公司针对员工个人业绩及其他指标进行考核，连续三个月总体成绩最后一名的将会被淘汰。当年9月，根据公司的考核标准，小李是最后一名。公司以不能胜任工作为由对小李提出了辞退处理。小李认为自己可以完成公司制定的工作，只是排名靠后，于是申请劳动仲裁，要求公司支付赔偿金。仲裁厅审理后认为该公司以末位淘汰的方式解除与小李的劳动关系，不符合法定解除条件，辞退流程未按照法定程序，因此认定该公司解除劳动合同是违法的，根据劳动合同法第四十八条、第八十七条规定，仲裁该公司支付小李赔偿金。

👤 上班路上自己摔倒导致骨折，算工伤吗？

分析解读

首先我们需要知道什么是工伤？工伤是指职工在工作期间或因工作发生事故受到的人身伤害，或者按照职业病防治法规定被诊断、鉴定为职业病。上下班路上受到伤害要认定为工伤，必须同时满足在上下班的规定时间和必经路线上，受到伤害的原因是发生了交通事故，该交通事故的责任认定中，本人为非主要责任。即合理时间、合理路线、非本人主要责任，缺一不可。所以说，员工在上班路上自己摔倒造成骨折的属于本人主要责任受到的伤害，所以不能被认定为工伤。

当上下班路上发生意外后，首先要判断是不是合理时间、合理路线、非本人主要责任，这些都满足的情况下可以向单位索赔。如果不满足条件不被认定为工伤也不用担心，员工可以按照意外伤害使用医保报销医药费。

法条援引

《工伤保险条例》

第十四条 职工有下列情形之一的，应当认定为工伤：

（一）在工作时间和工作场所内，因工作原因受到事故伤害的；

（二）工作时间前后在工作场所内，从事与工作有关的预备性或者

第七章 职场与校园

收尾性工作受到事故伤害的；

（三）在工作时间和工作场所内，因履行工作职责受到暴力等意外伤害的；

（四）患职业病的；

（五）因工外出期间，由于工作原因受到伤害或者发生事故下落不明的；

（六）在上下班途中，受到非本人主要责任的交通事故或者城市轨道交通、客运轮渡、火车事故伤害的；

（七）法律、行政法规规定应当认定为工伤的其他情形。

第十五条 职工有下列情形之一的，视同工伤：

（一）在工作时间和工作岗位，突发疾病死亡或者在48小时之内经抢救无效死亡的；

（二）在抢险救灾等维护国家利益、公共利益活动中受到伤害的；

（三）职工原在军队服役，因战、因公负伤致残，已取得革命伤残军人证，到用人单位后旧伤复发的。

职工有前款第（一）项、第（二）项情形的，按照本条例的有关规定享受工伤保险待遇；职工有前款第（三）项情形的，按照本条例的有关规定享受除一次性伤残补助金以外的工伤保险待遇。

案 例

宋先生是A公司的工作人员，其居住的地方距离公司约8公里。宋先生每天都会骑电动车上下班。2019年3月的一个工作日早上，宋先生上班途中下起了大雨，因为路程已过半，所以没有换乘其他的交通工具，继续骑电动车去公司。然而雨越下越大，影响了宋先生的视线。在一路口转弯处，湿滑的地面使电动车失去了平衡，导致宋先生不慎摔倒，电动车压倒右腿，致使右腿骨折。经过医生诊断，宋先生右腿骨折情况至少需要3个月才可以基本康复。宋先生认为自己是在上班途中发生的交通事故，所以在出院后向公司申请工伤赔偿，然而公司不接受这一说法。于是宋先生向律师咨询，律师向其解释，根据《工伤保险条例》第十四条第六项规定，职工在上下班途中受到非本人主要责任的交通事故或者城市轨道交通、客运轮渡、火车事故伤害的，应认定为工伤。宋先生在上班路上自己摔倒造成骨折，是属于本人主要责任受到的伤害，所以不能被认定为工伤。

遭遇公司拖欠薪资、欠缴社保、强制解聘怎么办？

分析解读

用人单位应当按时向员工支付工资，如果用人单位拖欠工资，员工可以要求单位支付拖欠的工资报酬并支付相当于工资报酬的25%作为经济补偿金；用人单位应当依法及时履行为员工缴纳社会保险的义务，在用人单位和员工确定劳动关系之日起三十日内为员工缴纳社会保险，除非因不可抗力等事由，单位未按时缴纳社会保险的社保征收机构责令限期缴纳或者补足。用人单位强制解聘员工，应向员工支付赔偿金，赔偿金以经济赔偿金为基础，计算出经济赔偿金，赔偿金是经济赔偿金的两倍，如果单位和员工超过一个月未签订合同应支付两倍工资。

遭遇公司拖欠薪资、欠缴社保、强制解聘的，首先和公司协商，协商不成到劳动监察部门进行投诉,还不能解决只能起诉到法院。

法条援引

《中华人民共和国劳动合同法》

第十一条　用人单位未在用工的同时订立书面劳动合同,与劳动者约定的劳动报酬不明确的,新招用的劳动者的劳动报酬按照集体合同规定的标准执行;没有集体合同或者集体合同未规定的,实行同工同酬。

第三十条　用人单位应当按照劳动合同约定和国家规定,向劳动者及时足额支付劳动报酬。

用人单位拖欠或者未足额支付劳动报酬的,劳动者可以依法向当地人民法院申请支付令,人民法院应当依法发出支付令。

第八十五条　用人单位有下列情形之一的,由劳动行政部门责令限期支付劳动报酬、加班费或者经济补偿;劳动报酬低于当地最低工资标准的,应当支付其差额部分;逾期不支付的,责令用人单位按应付金额百分之五十以上百分之一百以下的标准向劳动者加付赔偿金:

(一)未按照劳动合同的约定或者国家规定及时足额支付劳动者劳动报酬的;

(二)低于当地最低工资标准支付劳动者工资的;

(三)安排加班不支付加班费的;

(四)解除或者终止劳动合同,未依照本法规定向劳动者支付经济补偿的。

《中华人民共和国社会保险法》

第八十六条　用人单位未按时足额缴纳社会保险费的,由社会保险费征收机构责令限期缴纳或者补足，并自欠缴之日起，按日加收万分之五的滞纳金；逾期仍不缴纳的，由有关行政部门处欠缴数额一倍以上三倍以下的罚款。

《中华人民共和国劳动争议调解仲裁法》

第五条 发生劳动争议，当事人不愿协商、协商不成或者达成和解协议后不履行的，可以向调解组织申请调解；不愿调解、调解不成或者达成调解协议后不履行的，可以向劳动争议仲裁委员会申请仲裁；对仲裁裁决不服的，除本法另有规定的外，可以向人民法院提起诉讼。

案　例

小高在某公司上班已经一年零三个月。最近因为小高业绩不理想连续两个月没有完成公司要求的目标，公司领导想辞退他，但考虑到如果公司主动辞退员工还需要承担赔偿，于是通过拖欠工资的方式想让小高自己主动提出离职，不曾想小高看中的是公司的五险一金因此不为所动。公司看这个方式没有效果，采取不给其缴纳社保的办法。这下把小高激怒了，公司以为他会因此主动离职，恰恰相反小高到法院提出诉讼，要求公司支付拖欠工资并进行赔偿，把欠缴的社保补齐。法院认为小高与公司存在劳动关系，公司拖欠工资，不缴纳社保的行为属于违法行为，判决该公司支付小高拖欠工资，赔偿一个月工资，把欠缴社保补齐，不得解除劳动合同。

公司试用期不缴纳五险一金怎么办？

分析解读

现在都讲究双向选择，用人单位和员工之间也是如此，这就是为什么各个公司都会规定试用期。试用期期间单位可以考察员工的能力、工作态度是否符合公司要求，员工在此期间也能了解岗位工作要求、企业文化，以及公司是否适合自己。好多人认为试用期只要自己有工资就行，五险一金是转正后才有的待遇，其实不然，试用期公司就需要给员工缴纳五险一金。如果公司在试用期不缴纳五险一金，其属于违法行为，员工可以追究其责任。

公司和员工可以约定试用期，试用期属于劳动合同的期限，适用劳动合同的规定，试用期内公司应按时支付工资，并缴纳五险一金。公司单位在用工之日起三十日内要为员工向社会保险经办机构申请办理保险登记，未办理社会保险登记的，由社会保险经办机构核定其应缴纳的社会保险费用。该规定属于国家法律的强制性规定，不允许通过公司单位及个人约定改变，否则会导致合同无效。

如果公司在试用期不缴纳五险一金，员工可以先和公司协商，协商不成可以向劳动监察部门进行投诉或者进行劳动仲裁，最后是向法院提起诉讼。

法条援引

《中华人民共和国社会保险法》

第四条 中华人民共和国境内的用人单位和个人依法缴纳社会保险费,有权查询缴费记录、个人权益记录,要求社会保险经办机构提供社会保险咨询等相关服务。

个人依法享受社会保险待遇,有权监督本单位为其缴费情况。

第五十八条 用人单位应当自用工之日起三十日内为其职工向社会保险经办机构申请办理社会保险登记。未办理社会保险登记的,由社会保险经办机构核定其应当缴纳的社会保险费。

自愿参加社会保险的无雇工的个体工商户、未在用人单位参加社会保险的非全日制从业人员以及其他灵活就业人员,应当向社会保险经办机构申请办理社会保险登记。

国家建立全国统一的个人社会保障号码。个人社会保障号码为公民身份号码。

第八十二条 任何组织或者个人有权对违反社会保险法律、法规的行为进行举报、投诉。

社会保险行政部门、卫生行政部门、社会保险经办机构、社会保险费征收机构和财政部门、审计机关对属于本部门、本机构职责范围的举报、投诉,应当依法处理;对不属于本部门、本机构职责范围的,应当书面通知并移交有权处理的部门、机构处理。有权处理的部门、机构应当及时处理,不得推诿。

《中华人民共和国劳动合同法》

第三十八条 用人单位有下列情形之一的,劳动者可以解除劳动合同：

（一）未按照劳动合同约定提供劳动保护或者劳动条件的；

（二）未及时足额支付劳动报酬的；

（三）未依法为劳动者缴纳社会保险费的；

（四）用人单位的规章制度违反法律、法规的规定，损害劳动者权益的；

（五）因本法第二十六条第一款规定的情形致使劳动合同无效的；

（六）法律、行政法规规定劳动者可以解除劳动合同的其他情形。

用人单位以暴力、威胁或者非法限制人身自由的手段强迫劳动者劳动的，或者用人单位违章指挥、强令冒险作业危及劳动者人身安全的，劳动者可以立即解除劳动合同，不需事先告知用人单位。

案　例

小强通过某公司面试办理入职，合同中约定试用期为三个月，试用期过后转正公司为其缴纳五险一金。小强有一天和朋友一起吃饭时说到自己工作的事，称自己还要一个月就转正然后自己也是有社保的人了。朋友告知小强社保是从入职以后公司就应给缴纳的。小强觉得可能是公司不一样缴纳时间也不一样，后来上网查询发现五险一金在试用期公司就应该给缴纳。小强找到公司人事询问，却被告知合同中约定转正后缴纳五险一金，且小强本人已经签字。眼看协商无望，小强向法院提起诉讼，要求公司为自己缴纳五险一金。法院经审理认为，公司为员工缴纳五险一金是公司要承担的义务，虽然双方合同有约定，但是缴纳五险一金属于法律规定的强制性规定，双方的约定无效，因此判决该公司为小强补缴五险一金。

因疫情或疾病被公司辞退该怎么办？

分析解读

公司和员工签订劳动合同，确定劳动关系，合同中规定双方都可以解除劳动。如果出现下面的情形公司可以解除合同：员工严重违反公司规章制度；严重失职给公司造成重大损失；员工与其他用人单位建立劳动关系；员工被依法追究刑事责任；员工患病或者非因公负伤治疗后不能从事原工作也无法完成公司安排其他工作；员工不能胜任工作，调岗后仍不能胜任；客观原因导致合同无法履行，双方又不能重新订立合同的。因疫情或者疾病被公司辞退，不是公司可解除合同的情形，因此公司这种情况下辞退员工属于违法行为。

员工被辞退可以向劳动仲裁部门申请仲裁，员工可以要求公司继续履行合同，用人单位不同意或者员工要求不继续履行合同的，公司应当按照经济补偿标准的两倍向员工支付赔偿金。

法条援引

《中华人民共和国劳动合同法》

第三十九条 劳动者有下列情形之一的，用人单位可以解除劳动合同：

（一）在试用期间被证明不符合录用条件的；

（二）严重违反用人单位的规章制度的；

（三）严重失职，营私舞弊，给用人单位造成重大损害的；

（四）劳动者同时与其他用人单位建立劳动关系，对完成本单位的工作任务造成严重影响，或者经用人单位提出，拒不改正的；

（五）因本法第二十六条第一款第一项规定的情形致使劳动合同无效的；

（六）被依法追究刑事责任的。

第四十条　有下列情形之一的，用人单位提前三十日以书面形式通知劳动者本人或者额外支付劳动者一个月工资后，可以解除劳动合同：

（一）劳动者患病或者非因工负伤，在规定的医疗期满后不能从事原工作，也不能从事由用人单位另行安排的工作的；

（二）劳动者不能胜任工作，经过培训或者调整工作岗位，仍不能胜任工作的；

（三）劳动合同订立时所依据的客观情况发生重大变化，致使劳动合同无法履行，经用人单位与劳动者协商，未能就变更劳动合同内容达成协议的。

第四十八条　用人单位违反本法规定解除或者终止劳动合同，劳动者要求继续履行劳动合同的，用人单位应当继续履行；劳动者不要求继续履行劳动合同或者劳动合同已经不能继续履行的，用人单位应当依照本法第八十七条规定支付赔偿金。

案　例

小黄是某机床设备公司员工，受疫情影响，只能待在家中。因为之前经常加班睡眠得不到保障，本以为正好可以在家好好休息，然而在家封控的第十天，公司人事来电告知自己被公司辞退。小黄问原因，人事称公司是为了减少开支缓解资金困难。小黄在公司上班一直勤勤恳恳，由于技术不错，经常帮助公司解决一些难题。在疫情结束后，小黄第一时间就到劳动仲裁部门申请仲裁，要求公司继续履行合同。公司拒绝继续履行合同，劳动仲裁部门只能按照法律规定让公司支付小黄赔偿金3万元。

自己的论文被导师署名发表了该怎么办？

分析解读

著作权又称为版权，是指文学、艺术和自然科学、社会科学作品的作者及其相关主体依法对作品所享有的人身权利和财产权利。著作权分为著作人身权与著作财产权。论文属于文字作品，受著作权保护。

自己论文被导师署名发表，导师的行为属于侵犯著作权，因为未得到作者许可发表其作品。我们可以要求导师停止侵害，把发表的论文撤回，公开道歉，消除对自己的不良影响，赔偿自己的损失。著作权管理部门没收其违法所得，情节严重可以追究其刑事责任。

法条援引

《中华人民共和国著作权法》

第五十二条　有下列侵权行为的，应当根据情况，承担停止侵害、消除影响、赔礼道歉、赔偿损失等民事责任：

（一）未经著作权人许可，发表其作品的；

（二）未经合作作者许可，将与他人合作创作的作品当作自己单独创作的作品发表的；

（三）没有参加创作，为谋取个人名利，在他人作品上署名的；

（四）歪曲、篡改他人作品的；

（五）剽窃他人作品的；

（六）未经著作权人许可，以展览、摄制视听作品的方法使用作品，或者以改编、翻译、注释等方式使用作品的，本法另有规定的除外；

（七）使用他人作品，应当支付报酬而未支付的；

（八）未经视听作品、计算机软件、录音录像制品的著作权人、表演者或者录音录像制作者许可，出租其作品或者录音录像制品的原件或者复制件的，本法另有规定的除外；

（九）未经出版者许可，使用其出版的图书、期刊的版式设计的；

（十）未经表演者许可，从现场直播或者公开传送其现场表演，或者录制其表演的；

（十一）其他侵犯著作权以及与著作权有关的权利的行为。

《中华人民共和国刑法》

第二百一十七条 以营利为目的，有下列侵犯著作权或者与著作权有关的权利的情形之一，违法所得数额较大或者有其他严重情节的，处三年以下有期徒刑，并处或者单处罚金；违法所得数额巨大或者有其他特别严重情节的，处三年以上十年以下有期徒刑，并处罚金：

（一）未经著作权人许可，复制发行、通过信息网络向公众传播其文字作品、音乐、美术、视听作品、计算机软件及法律、行政法规规定的其他作品的；

（二）出版他人享有专有出版权的图书的；

（三）未经录音录像制作者许可，复制发行、通过信息网络向公众传播其制作的录音录像的；

（四）未经表演者许可，复制发行录有其表演的录音录像制品，或者通过信息网络向公众传播其表演的；

（五）制作、出售假冒他人署名的美术作品的；

（六）未经著作权人或者与著作权有关的权利人许可，故意避开或者破坏权利人为其作品、录音录像制品等采取的保护著作权或者与著作权有关的权利的技术措施的。

案　例

小莫就读于北京某大学，根据学校要求毕业之前需要写一篇毕业论文，通过查阅资料和文献，制作表格数据，在导师吴某的协助下完成毕业论文，从而毕业。2014年3月小莫在上网时无意发现一篇文章，和自己的大学毕业论文极其相似，在找出自己毕业论文进行对比结果发现就是自己的论文。文章署名是自己当时导师吴某，于是联系吴某，其称论文是在自己协助下完成的，自己当然可以发表。小莫向法院提起诉讼，要求吴某把文章删除，并赔礼道歉说明情况消除对自己影响，法院认为论文虽然有吴某协助，但是论文的作者是小莫，吴某未经作者许可发表论文属于侵犯著作权，判决吴某五日内删除文章，发表声明，向小莫公开道歉。

遭遇校园霸凌、暴力事件该如何应对？

分析解读

首先我们需要知道校园霸凌行为有哪些？（一）身体欺凌，通过拳打脚踢等行为攻击同学的身体，对其身体造成伤害；（二）语言欺凌，用恶意的语言威胁、恐吓同学或传播谣言等错误信息，对其心理造成伤害；（三）财务欺凌，逼迫受害者提供钱财等，使受害者遭受财产损失。

为什么校园霸凌的事件层出不穷呢？因为大部分的霸凌事件是发生在未成年身上，霸凌者的行为即使从客观上符合刑法的罪名，但由于是未成年人，不用承担刑事责任。霸凌者霸凌同学后只是受到学校、家长的批评教育，并不能让施暴者意识到事件的严重性，起不到警示作用。那是不是意味着遇到霸凌、暴力后，就放任不管呢？放任绝对不是让欺凌者改过的好办法。让欺凌者改过是有条件的，当遭遇校园霸凌、暴力后应当采取如下措施：第一步，要及时收集证据，如果被打了，及时拍照拍视频，如果是被恐吓或者索要钱财，可以携带摄像机、录音笔等，把霸凌者的霸凌行为录下来；第二步，出具诊断证明，包括身体和精神的；第三步，带着证据和诊断书报警处理，可以要求霸凌者赔礼道歉，要求霸凌者的父母赔偿费用，要求校方针对霸凌事件做预防方案。

法条援引

《中华人民共和国民法典》

第一千一百七十九条 侵害他人造成人身损害的，应当赔偿医疗费、护理费、交通费、营养费、住院伙食补助费等为治疗和康复支出的合理费用，以及因误工减少的收入。造成残疾的，还应当赔偿辅助器具费和残疾赔偿金；造成死亡的，还应当赔偿丧葬费和死亡赔偿金。

第一千一百八十三条 侵害自然人人身权益造成严重精神损害的，被侵权人有权请求精神损害赔偿。

因故意或者重大过失侵害自然人具有人身意义的特定物造成严重精神损害的，被侵权人有权请求精神损害赔偿。

第一千一百八十四条 侵害他人财产的，财产损失按照损失发生时的市场价格或者其他合理方式计算。

第一千一百八十五条 故意侵害他人知识产权，情节严重的，被侵权人有权请求相应的惩罚性赔偿。

第一千一百八十八条 无民事行为能力人、限制民事行为能力人造成他人损害的，由监护人承担侵权责任。监护人尽到监护职责的，可以减轻其侵权责任。

有财产的无民事行为能力人、限制民事行为能力人造成他人损害的，从本人财产中支付赔偿费用；不足部分，由监护人赔偿。

《中华人民共和国未成年人保护法》

第三十九条 学校应当建立学生欺凌防控工作制度，对教职员工、学生等开展防治学生欺凌的教育和培训。

学校对学生欺凌行为应当立即制止，通知实施欺凌和被欺凌未成年学生的父母或者其他监护人参与欺凌行为的认定和处理；对相关未成年学生及时给予心理辅导、教育和引导；对相关未成年学生的父母或者其他监护人给予必要的家庭教育指导。

对实施欺凌的未成年学生，学校应当根据欺凌行为的性质和程度，依法加强管教。对严重的欺凌行为，学校不得隐瞒，应当及时向公安机关、教育行政部门报告，并配合相关部门依法处理。

案 例

小微是一名初一的学生，在校内与霸凌者小武因琐事发生过争吵，导致小武怀恨在心，一直想找机会教训小微。在一次体育课结束后，小武邀请小微放学后一起回家。小微想到以前跟小武发生过矛盾，正好可以借此机会化解，于是接受了小武的邀请。放学后，小微兴高采烈地同小武走出校园，在一路口小武和其他的两名霸凌者将小微围起来，二话不说将小微推倒，打其耳光，踹其肚子，殴打时间持续一个多小时。事情发生后，小微的妈妈报警处理。根据《中华人民共和国治安管理处罚法》小武等三名霸凌者的行为属于寻衅滋事违反治安管理，但三名施暴者是不满14周岁的未成年人，所以不予处罚。责令其对小微进行赔礼道歉，要求监护人对其严加管教，防止此类事件再次发生，并赔偿治疗费用及精神损失费。

学校强制安排实习，如何应对？

分析解读

学校强制安排实习属于违法行为。学校为学生安排实习岗位应该得到学生本人以及法定监护人签字的知情同意书，学校要求学生去实习应是双方自愿的选择，而不能采取强制措施。学校为学生安排实习岗位要与其所学专业对口，如果专业不对口，对自己以后找工作也没有实质性帮助，学生完全可以拒绝。

学校强制安排实习，我们可以找辅导员说明情况，称自己已经找到专业对口的实习单位，实习问题自己可以自行解决。如果是学校强制要求必须去实习，且以已经和用人单位签订合同为理由，学生仍应当拒绝。合同是学校和用人单位签的，不是学生和用人单位签的，学生不去也不用承担违约责任。学生可以向当地教育部门进行反映，寻求帮助。

法条援引

《中华人民共和国教育法》

第四十三条 受教育者享有下列权利：

（一）参加教育教学计划安排的各种活动，使用教育教学设施、设备、图书资料；

（二）按照国家有关规定获得奖学金、贷学金、助学金；

（三）在学业成绩和品行上获得公正评价，完成规定的学业后获得相应的学业证书、学位证书；

（四）对学校给予的处分不服向有关部门提出申诉，对学校、教师侵犯其人身权、财产权等合法权益，提出申诉或者依法提起诉讼；

（五）法律、法规规定的其他权利。

《职业学校学生实习管理规定》

第七条 职业学校在确定新增实习单位前，应当实地考察评估形成书面报告。考察内容应当包括：单位资质、诚信状况、管理水平、实习岗位性质和内容、工作时间、工作环境、生活环境以及健康保障、安全防护等。实习单位名单须经校级党组织会议研究确定后对外公开。

第九条 职业学校安排岗位实习，应当取得学生及其法定监护人（或家长）签字的知情同意书。对学生及其法定监护人（或家长）明确不同意学校实习安排的，可自行选择符合条件的岗位实习单位。

认识实习按照一般校外活动有关规定进行管理，由职业学校安排，学生不得自行选择。

第十条 学生自行选择符合条件的岗位实习单位，应由本人及其法定监护人（或家长）申请，经学校审核同意后实施，实习单位应当安排专门人员指导学生实习，职业学校要安排实习指导教师跟踪了解学生日常实习的情况。

第十四条 学生参加岗位实习前，职业学校、实习单位、学生三方必须以有关部门发布的实习协议示范文本为基础签订实习协议，并依法严格履行协议中有关条款。

未按规定签订实习协议的，不得安排学生实习。

案例

小红就读某医学院学习护理专业，在第二年的时候学校让学生实习，强调如果不去实习不发放毕业证，实习由学校按专业进行统一安排。小红一开始还很高兴，以为既可以有一定收入还能把课堂上的理论知识用于实践，结果到实习地发现是一生产螺丝的工厂，想回去已经不可能了。实习只有三个月的时间，小红心想忍忍就过去。工厂要求每个人每天至少要上够十个小时班，上不够时间不让下班，小红一开始还能熬得住，坚持不到半个月就累得不行、困得不行，经常干活的时候打瞌睡。某天小红困得难受一不留神手被机器碰到，小拇指断掉，幸亏送医院及时，否则手指就无法接上了。小红父母得知后向法院提起诉讼，要求学校承担赔偿责任。法院经审理认为，学校未取得学生以及监护人同意强制安排实习是违法行为，判决学校承担小红医药费并赔偿其损失16万元。

被同事或上司语言骚扰应该怎么办？

分析解读

语言骚扰是指通过语言的方式扰乱他人，让其不得安宁。语言骚扰一般会侵犯对方的隐私权和名誉权。语言内容会涉及当事人的个人隐私，尤其是一些不愿让他人知道的事实，比如自己是单亲家庭、有过离婚经历、受到过法律处罚等等，通过披露这些内容给对方造成困扰，甚至是只知道一点皮毛，通过添油加醋，把事情说得自己好像就在现场一样，这时可能侵犯对方的名誉权。言语骚扰一般来说不算犯罪但是犯法，需要承担五日以下的拘留或者500元以下的罚款，情节严重的可能会涉及侮辱罪，这就需要承担刑事责任。

被同事或上司语言骚扰，我们首先应该让其停止伤害行为，其次是让其消除影响、恢复名誉、赔礼道歉，最后如果情节严重，我们需要起诉至法院。

法条援引

《中华人民共和国民法典》

第一百七十九条 承担民事责任的方式主要有：

（一）停止侵害；

（二）排除妨碍；

（三）消除危险；

（四）返还财产；

（五）恢复原状；

（六）修理、重作、更换；

（七）继续履行；

（八）赔偿损失；

（九）支付违约金；

（十）消除影响、恢复名誉；

（十一）赔礼道歉。

法律规定惩罚性赔偿的，依照其规定。

本条规定的承担民事责任的方式，可以单独适用，也可以合并适用。

第一千零二十四条 民事主体享有名誉权。任何组织或者个人不得以侮辱、诽谤等方式侵害他人的名誉权。

名誉是对民事主体的品德、声望、才能、信用等的社会评价。

第一千零二十五条 行为人为公共利益实施新闻报道、舆论监督等行为，影响他人名誉的，不承担民事责任，但是有下列情形之一的除外：

（一）捏造、歪曲事实；

（二）对他人提供的严重失实内容未尽到合理核实义务；

（三）使用侮辱性言辞等贬损他人名誉。

《中华人民共和国治安管理处罚法》

第四十二条 有下列行为之一的，处五日以下拘留或者五百元以下罚款；情节较重的，处五日以上十日以下拘留，可以并处五百元以下罚款：

（一）写恐吓信或者以其他方法威胁他人人身安全的；

（二）公然侮辱他人或者捏造事实诽谤他人的；

（三）捏造事实诬告陷害他人，企图使他人受到刑事追究或者受到治安管理处罚的；

（四）对证人及其近亲属进行威胁、侮辱、殴打或者打击报复的；

（五）多次发送淫秽、侮辱、恐吓或者其他信息，干扰他人正常生活的；

（六）偷窥、偷拍、窃听、散布他人隐私的。

案　例

小丽在某公司上班做销售工作，由于性格高傲，和同事关系一般，但是个人能力特别强，每个月不是销冠起码也是前三。同事小许和小张是公司里出名的八卦，看见小丽每天打扮得十分漂亮，且业绩优秀，便私下议论起来。小许说到公司肯定资源分配不均，小丽和老板有其他关系，自己还见过老板下班送小丽回家；小张说小丽是被某富商包养的小三，自己周末看见过小丽和某男人行为过于亲密。小丽一开始没放在心上，认为就是同事对自己的嫉妒，不料其他同事听到许张二人的话竟信以为真，经常在背后对小丽指指点点，这让小丽十分苦恼，毕竟自己还没结婚，被这样传来传去，自己以后怎么办。因此小丽向法院提起诉讼，要求许张二人停止侵害行为，公开道歉，恢复自己名誉，赔偿自己损失。法院经审理认为，许张二人说的均不属实，是二人的伪造，属于侵犯小丽名誉权，判决二人停止继续散播对小丽的谣言，公开道歉，发布声明为小丽恢复名誉，赔偿小丽损失1万元。

因恶劣天气居家办公，工资被减半发放是否合理？

分析解读

恶劣天气在法律表述为气象灾害，是指台风、龙卷风、暴雨、暴雪、高温、大雾、冰雹等造成的灾害。

我国法律规定劳动者在劳动过程中必须严格遵守安全操作规程。劳动者对用人单位管理人员违章指挥、强令冒险作业，有权拒绝执行；对危害生命安全和身体健康的行为，有权提出批评、检举和控告。由此可见员工有权拒绝在出现恶劣天气时工作，员工因为恶劣天气不能按时到岗的，单位不得按缺勤处理，不能扣减工资以及福利，也不得在事后要求员工进行补班。单位因为恶劣天气缩短工作时间或者停止工作的，应按照国家关于停工期间工资支付的相关规定和员工进行协商。

法条援引

《中华人民共和国劳动法》

第四十六条 工资分配应当遵循按劳分配原则，实行同工同酬。

工资水平在经济发展的基础上逐步提高。国家对工资总量实行宏观调控。

第四十七条 用人单位根据本单位的生产经营特点和经济效益，依法自主确定本单位的工资分配方式和工资水平。

第四十八条 国家实行最低工资保障制度。最低工资的具体标准由省、自治区、直辖市人民政府规定，报国务院备案。

用人单位支付劳动者的工资不得低于当地最低工资标准。

第五十条 工资应当以货币形式按月支付给劳动者本人。不得克扣或者无故拖欠劳动者的工资。

第五十六条 劳动者在劳动过程中必须严格遵守安全操作规程。

劳动者对用人单位管理人员违章指挥、强令冒险作业，有权拒绝执行；对危害生命安全和身体健康的行为，有权提出批评、检举和控告。

《工资支付暂行规定》

第十八条 各级劳动行政部门有权监察用人单位工资支付的情况。用人单位有下列侵害劳动者合法权益行为的，由劳动行政部门责令其支付劳动者工资和经济补偿，并可责令其支付赔偿金：

（一）克扣或者无故拖欠劳动者工资的；

（二）拒不支付劳动者延长工作时间工资的；

（三）低于当地最低工资标准支付劳动者工资的。

经济补偿和赔偿金的标准，按国家有关规定执行。

第十九条 劳动者与用人单位因工资支付发生劳动争议的，当事人可依法向劳动争议仲裁机关申请仲裁。对仲裁裁决不服的，可以向人民法院提起诉讼。

案　例

小付在南京市某机械加工单位上班，一般来说每年在七八月份会放十来天左右的高温假。2022年8月10日气象台发布高温红色预警，预告当天温度最高在40℃以上。小付所在单位因为有批单子需要赶工让员工来加班干活，小付认为天气太热和单位请假没去，在领工资时发现自己的工资在高温那几天都是减半发放的，于是找到人事问情况。人事称因为小付没来上班，小付称天气太热自己没法来上班，并且当时单位正在放高温假，人事称不加班工资不全额发放。小付于是向法院提起诉讼，要求单位支付全额工资。法院经审理认为，小付不来公司加班是因为高温天气，公司不能要求员工冒险作业，判决单位支付小付全额工资。

被导师要求上交国家补贴，你该怎么办？

分析解读

读研究生国家会有补贴，每个学校的补贴不一样。国家补贴用于资助全国普通高等学校纳入全国研究生招生计划的所有全日制研究生（有固定工资收入的除外）的基本生活支出。国家发放给研究生的补贴属于其个人财产。我国法律有关规定，公民合法的私有财产受法律保护，任何组织个人不能进行侵害。因此，导师要求上交国家补贴的行为属于违法行为。

如果是自己在读研究生过程中被导师要求上交国家补贴，我们应该首先保留好证据，无论是上交给导师的转账记录，还是导师和自己要补贴的录音录像，其次我们可以向所在学校或者教育部门进行投诉，最后是通过司法途径以向法院提起诉讼的方式追回自己的损失。

法条援引

《中华人民共和国民法典》

第三条 民事主体的人身权利、财产权利以及其他合法权益受法律保护，任何组织或者个人不得侵犯。

《中华人民共和国刑法》

第二百六十三条 以暴力、胁迫或者其他方法抢劫公私财物的，处三年以上十年以下有期徒刑，并处罚金；有下列情形之一的，处十年以上有期徒刑、无期徒刑或者死刑，并处罚金或者没收财产：

（一）入户抢劫的；

（二）在公共交通工具上抢劫的；

（三）抢劫银行或者其他金融机构的；

（四）多次抢劫或者抢劫数额巨大的；

（五）抢劫致人重伤、死亡的；

（六）冒充军警人员抢劫的；

（七）持枪抢劫的；

（八）抢劫军用物资或者抢险、救灾、救济物资的。

《研究生国家助学金管理暂行办法》

第四条 博士研究生资助标准不低于每生每年10000元，硕士研究生资助标准不低于每生每年6000元。

中央部门所属高校博士研究生资助标准为每生每年12000元，硕士研究生资助标准为每生每年6000元。

第六条 地方所属高校研究生国家助学金资助标准由各省（自治区、直辖市、计划单列市）财政部门会同教育部门确定。中央财政按照博士研究生每生每年10000元、硕士研究生每生每年6000元的标准以及普通本专科生国家助学金分担办法，承担地方所属高校研究生国家助学金所需资金。

第七条 各级财政部门会同教育部门建立研究生国家助学金资助标准动态调整机制，根据经济发展水平和物价变动情况，适时调整资助标准。

案 例

来自贵州山区的小薛寒窗苦读，终于如愿以偿考到上海某大学读研究生，学校按照国家规定按时发放国家补贴。小薛很高兴自己读研还能享受国家补贴，这给家里减轻了不少负担。在其读研究生的第二年，原来的导师因个人原因离开学校，换成王老师作为自己导师。王老师要求小薛每个月把学校发放的国家补贴全部上交给自己，小薛不解，王老师说我不能白带你。在连续两个月通过微信转账的方式上交给王老师后，由于小薛家实在困难，不想再上交国家补贴，于是向学校领导反应，学校并未处理这个事，小薛不得已向司法机关求救。法院在收到该案后经审理认为，国家补贴发放给小薛后属于其个人财产，任何人不得侵犯，王老师的行为属于违法行为。以小薛提供的转账记录作为证据，法院判决王老师退还小薛上交的全部国家补贴。

◎ 第八章 ◎

网络与安全

一读就懂的法律维权课

🗨 对网络侵权行为，网站未及时采取必要措施阻止的，需要承担责任吗？

分析解读

随着时代的进步，互联网的快速发展，网络世界已经成为人们日常生活中不可缺少的一部分。人们的社交由传统方式转移为网络方式，人们在网络上"畅所欲言"。微信、抖音、QQ、微博等社交平台每天都会产生庞大的数据信息和视频内容。这些信息及视频内容不乏存在侵害他人权益的行为。对于侵权行为，侵权人需要承担什么责任呢？

首先我们需要了解什么是网络侵权责任，网络侵权行为有哪些？网络侵权责任是指在互联网上，网络用户、网络服务提供者故意或者过失借助电脑网络或者电信网络侵害他人民事权益的特殊侵权行为。网络侵权行为包括：（一）网上侵犯人格权。具体人格权包括身体权、生命权、健康权、自由权、隐私权、姓名权及名称权、肖像权、名誉权和荣誉权。（二）网上侵犯著作权。根据法律规定，著作权包括著作人身权和著作财产权。

法条援引

《中华人民共和国民法典》

第一千一百九十五条 网络用户利用网络服务实施侵权行为的，权利人有权通知网络服务提供者采取删除、屏蔽、断开链接等必要措施。通知应当包括构成侵权的初步证据及权利人的真实身份信息。

网络服务提供者接到通知后,应当及时将该通知转送相关网络用户,并根据构成侵权的初步证据和服务类型采取必要措施;未及时采取必要措施的,对损害的扩大部分与该网络用户承担连带责任。

权利人因错误通知造成网络用户或者网络服务提供者损害的,应当承担侵权责任。法律另有规定的,依照其规定。

第一千一百九十六条 网络用户接到转送的通知后,可以向网络服务提供者提交不存在侵权行为的声明。声明应当包括不存在侵权行为的初步证据及网络用户的真实身份信息。

网络服务提供者接到声明后,应当将该声明转送发出通知的权利人,并告知其可以向有关部门投诉或者向人民法院提起诉讼。网络服务提供者在转送声明到达权利人后的合理期限内,未收到权利人已经投诉或者提起诉讼通知的,应当及时终止所采取的措施。

第一千一百九十七条 网络服务提供者知道或者应当知道网络用户利用其网络服务侵害他人民事权益,未采取必要措施的,与该网络用户承担连带责任。

案 例

小王是一名网络爱好者,经营着自己的公众号,其公众号主要是分享NBA某支球队的日常,例如比赛集锦、球员数据,以及自己对于球队的看法。公众号一开始只是为了满足自己,伴随着公众号功能开发,打赏、点赞等功能出现,小王发现这是商机,决定开创自己的商业王国。然而事与愿违,由于小王的公众号在篮球圈内知名度一般,关注的人也不多,为其打赏的人更是屈指可数。眼见自己没有收入,小王选择抄袭其他公众号内容,还称自己是某知名公众号的小号。这一番操作成效显著,一个月下来竟有了大几千的收入。好景不

一读就懂的法律维权课

长，被抄袭公众号发现了此事，向平台反应，平台置之不理，该公众号负责人为维护自己的合法权益，将平台和小王起诉至法院。法院经审理认为，小王的抄袭行为侵犯了对方的著作权，平台发现侵权行为后并未及时采取措施制止，因此负有连带责任。法院判决小王将违法所得退还原告，平台连带责任赔付 2 万元给原告。

发在网上的原创内容被人抄袭该如何维权？

分析解读

首先我们需要知道抄袭发在网上的原创内容这个行为是著作权侵权行为。关于著作权我国采取自动取得原则，当作品创作完成后，只要符合法律上作品的条件，著作权即产生。

当侵权行为发生后，我们怎样去维权呢？维权的第一步就是要在不打草惊蛇的情况下搜集和保留证据，这个证据包括证明自己原创的材料，比如草稿、底稿、作品发布时间等，以及侵权平台、侵权人的信息、侵权内容等。接下来可以先和侵权平台或者侵权人进行协商，要求对方立即停止侵权行为，达成一定的补偿或者协议。如果协商无法解决问题可以向专业律师咨询，了解自己的权利和维权途径，通过法律途径解决。

法条援引

《中华人民共和国著作权法》

第五十二条 有下列侵权行为的，应当根据情况，承担停止侵害、消除影响、赔礼道歉、赔偿损失等民事责任：

（一）未经著作权人许可，发表其作品的；

（二）未经合作作者许可，将与他人合作创作的作品当作自己单独创作的作品发表的；

（三）没有参加创作，为谋取个人名利，在他人作品上署名的；

（四）歪曲、篡改他人作品的；

（五）剽窃他人作品的；

（六）未经著作权人许可，以展览、摄制视听作品的方法使用作品，或者以改编、翻译、注释等方式使用作品的，本法另有规定的除外；

（七）使用他人作品，应当支付报酬而未支付的；

（八）未经视听作品、计算机软件、录音录像制品的著作权人、表演者或者录音录像制作者许可，出租其作品或者录音录像制品的原件或者复制件的，本法另有规定的除外；

（九）未经出版者许可，使用其出版的图书、期刊的版式设计的；

（十）未经表演者许可，从现场直播或者公开传送其现场表演，或者录制其表演的；

（十一）其他侵犯著作权以及与著作权有关的权利的行为。

《中华人民共和国民法典》

第一千一百九十五条 网络用户利用网络服务实施侵权行为的，

权利人有权通知网络服务提供者采取删除、屏蔽、断开链接等必要措施。通知应当包括构成侵权的初步证据及权利人的真实身份信息。

网络服务提供者接到通知后，应当及时将该通知转送相关网络用户，并根据构成侵权的初步证据和服务类型采取必要措施；未及时采取必要措施的，对损害的扩大部分与该网络用户承担连带责任。

权利人因错误通知造成网络用户或者网络服务提供者损害的，应当承担侵权责任。法律另有规定的，依照其规定。

案 例

原告北京A文化传播有限公司于2010年6月委托他人建设网站，并约定网站的全部著作权归原告所有，同年8月网站搭建完成。被告北京B文化传播有限公司成立于2012年5月20日，该公司也是通过网站宣传其经营的业务，其使用的网站内除了对公司名称和联系方式进行了更改，网站内其他内容的表现形式与原告北京A文化传播有限公司的网站几乎完全一致。于是原告向北京市第一中级人民法院提起诉讼，要求被告立即停止侵权行为，向原告公开赔礼道歉，赔偿原告经济损失人民币8.9万元。北京市第一中级人民法院经过公开开庭，听取了原告的陈述并审查了相关证据，于2014年4月25日作出一审判决，认定被告设置的网站的页面排版设计以及相关文字和图片的内容均与原告的网站页面的表达方式基本相同，并且两个网站给人的整体视觉效果雷同。针对这些相同的部分被告未能证明是由其创作完成，或借鉴于公共领域。因此认定被告方未经原告方的许可，采用复制的方式使用原告精心设计开发的网页，并通过网络向公众传播，此行为侵犯了原告的著作权。

法院判令被告立即停止侵害原告网站页面所享有的著作权；在判决生效后向原告赔礼道歉；被告赔偿原告经济损失人民币5.6万元，

并承担诉讼费人民币 3476 元。

如何防止电信诈骗？

分析解读

随着互联网的普及，我们下载安装一个 App 需要用手机号注册、填写个人信息、打开多条权限。一个手机号就可以得到我们如此多的信息，不法分子甚至可以通过黑客技术攻克平台得到我们的消费习惯或者关注的事件。这些信息基本上都在被刷卖，有了这些信息，骗子就有办法建立关于个人的信息网，从而进行诈骗。

怎样才能更好防范电信诈骗呢？首先我们要知道世上没有免费的午餐，天上不会掉馅饼。接下来要做到四不原则。（一）不轻信，在无法确认通话对方身份时，不要轻易相信对方；（二）不汇款，在没有做好对方身份确认时，不要轻易汇款；（三）不透露，个人及家人信息不要透露；（四）不扫码，不点击链接，对于未知的二维码和链接不要轻易去点击识别。

如果防不胜防，还是被诈骗了，我们应该怎么办呢？首先需要收集被诈骗的证据，记录骗子的账号信息。然后尽快拨打110或者到最近的公安机关报案，协助公安局去银行冻结账号，防止对方转移该财产。

法条援引

《中华人民共和国刑法》

第二百六十六条 诈骗公私财物，数额较大的，处三年以下有期徒刑、拘役或者管制，并处或者单处罚金；数额巨大或者有其他严重情节的，处三年以上十年以下有期徒刑，并处罚金；数额特别巨大或者有其他特别严重情节的，处十年以上有期徒刑或者无期徒刑，并处罚金或者没收财产。本法另有规定的，依照规定。

《最高人民法院、最高人民检察院关于办理诈骗刑事案件具体应用法律若干问题的解释》

第二条 诈骗公私财物达到本解释第一条规定的数额标准，具有下列情形之一的，可以依照刑法第二百六十六条的规定酌情从严惩处：

（一）通过发送短信、拨打电话或者利用互联网、广播电视、报刊杂志等发布虚假信息，对不特定多数人实施诈骗的；

（二）诈骗救灾、抢险、防汛、优抚、扶贫、移民、救济、医疗款物的；

（三）以赈灾募捐名义实施诈骗的；

（四）诈骗残疾人、老年人或者丧失劳动能力人的财物的；

（五）造成被害人自杀、精神失常或者其他严重后果的。

诈骗数额接近本解释第一条规定的"数额巨大"、"数额特别巨大"的标准，并具有前款规定的情形之一或者属于诈骗集团首要分子的，应当分别认定为刑法第二百六十六条规定的"其他严重情节"、"其他特别严重情节"。

案 例

2020年5月22日，家住桥西区的宋先生接到一个自称是石家庄市公安局户籍科民警的电话，对方主动报了自己的姓名和警号以及单位所在地，且准确说出了宋先生的名字和身份证号。这位"办案民警"告知宋先生有人冒用其身份证信息办护照涉嫌非法出入境，并且和一起非法洗钱案有关，现需要冻结名下所有账户资金，让宋先生将资金转入其提供的账户以确保安全。"办案民警"称事情很严重，出于保密需要不可以告诉任何人。"办案民警"添加宋先生的QQ，并让其下载一个聊天软件，最后通过软件屏幕共享功能，获取了宋先生的个人信息，操作银行App。等宋先生反应过来被骗时，银行卡内的 10 万余元已被转走。

身份信息被人盗用注册公司该怎么办？

分析解读

居民身份证，是用于证明持有人身份的一种法定证件。无论是个人不慎丢失身份证，还是身份证被盗等，丢失证件一旦被不法分子获得，不法分子就会利用他人的身份信息从事违法行为，这将对身份证原有人的金融和人身安全带来很多隐患。例如盗用身份信息进行网络贷款，身份证原有人将面临网络公司的催款、起诉等。那如果身份信息被人盗用注册公司，将会面临哪些法律风险？又该如何去维权呢？

身份信息被盗用注册公司，被冒用者可能要对公司债务承担连带清偿责任以及面临行政处罚的风险。如果发现身份信息被冒用注册公司后可以通过以下两种途径进行维权：（一）可以直接去公安机关报案，向工作人员说明情况，如经公安机关侦查发现侵权人的行为造成被冒用人经济损失或者危害社会公共利益的，侵权人就有可能涉嫌犯罪；（二）可以向工商管理部门投诉或者提起行政诉讼，要求撤销公司设立登记。

法条援引

《中华人民共和国民法典》

第六十一条 依照法律或者法人章程的规定，代表法人从事民事活动的负责人，为法人的法定代表人。

法定代表人以法人名义从事的民事活动，其法律后果由法人承受。

法人章程或者法人权力机构对法定代表人代表权的限制，不得对抗善意相对人。

《中华人民共和国公司法》

第一百九十八条 违反本法规定，虚报注册资本、提交虚假材料或者采取其他欺诈手段隐瞒重要事实取得公司登记的，由公司登记机关责令改正，对虚报注册资本的公司，处以虚报注册资本金额百分之五以上百分之十五以下的罚款；对提交虚假材料或者采取其他欺诈手段隐瞒重要事实的公司，处以五万元以上五十万元以下的罚款；情节严重的，撤销公司登记或者吊销营业执照。

案 例

李某家里经济比较困难，在2017年申请公租房时，被告知名下拥有公司，不符合申请公租房的条件。然后李某到市场和质量监督管理局查询得知，自己被登记为A公司的股东。李某表示对此毫不知情，并且也从未委托任何人注册公司。经过回忆，李某想起身份证曾经丢失过，因为补办了新的身份证，之前丢失的身份证就没有再去寻找，不知道他人是如何得到自己身份信息并注册了公司。李某认为市场和质量监督管理局未尽到谨慎的审查义务，导致该公司利用自己的身份信息虚假注册，于是提出行政诉讼。法院最终支持了李某的请求，撤销了被告市场和质量监督管理局对第三人公司作出的工商行政登记中原告的股东登记。

七天无理由退货制度是否适用于票品？

分析解读

七天无理由退货是法律赋予消费者的一种后悔权。在网络交易中，消费者只能通过描述和图片了解产品，无法进行真实体验，在收到货品时无法确定是否满足自己的需求，在这种情况下法律赋予了消费者后悔权。但是七天无理由退货也是有前提条件的，如果不是商品质量问题，要在不影响二次销售的情况下才可以退货。七天无理由退货所适用的商品均为可循环销售的。而票务不同于前述商品，门票是记载了演出名称、时间和地点的观看凭证，只要门票记载的内容属实，不影响入场观看，即不存在后悔权，即使门票的大小、样式与线上描述的不符。而且从门票销售直至演出的举办具有非常明确的时间周期，门票的时效性比较强，如果适用于七天无理由退货，投资方将无法收回成本，将阻碍文化娱乐行业的发展。

法条援引

《中华人民共和国消费者权益保护法》

第二条 消费者为生活消费需要购买、使用商品或者接受服务，其权益受本法保护；本法未作规定的，受其他有关法律、法规保护。

第二十五条 经营者采用网络、电视、电话、邮购等方式销售商品，消费者有权自收到商品之日起七日内退货，且无需说明理由，但下列商品除外：

（一）消费者定作的；

（二）鲜活易腐的；

（三）在线下载或者消费者拆封的音像制品、计算机软件等数字化商品；

（四）交付的报纸、期刊。

除前款所列商品外，其他根据商品性质并经消费者在购买时确认不宜退货的商品，不适用无理由退货。

消费者退货的商品应当完好。经营者应当自收到退回商品之日起七日内返还消费者支付的商品价款。退回商品的运费由消费者承担；经营者和消费者另有约定的，按照约定。

《网络交易管理办法》

第十六条　网络商品经营者销售商品，消费者有权自收到商品之日起七日内退货，且无需说明理由，但下列商品除外：

（一）消费者定作的；

（二）鲜活易腐的；

（三）在线下载或者消费者拆封的音像制品、计算机软件等数字化商品；

（四）交付的报纸、期刊。

除前款所列商品外，其他根据商品性质并经消费者在购买时确认不宜退货的商品，不适用无理由退货。

案 例

2021年6月5日，小颖通过商家公众号买到了当月16日的脱口秀演出门票，次日他突然想起在演出当天需要去外地出差，不能观看演出，于是他就先定了其他时间的门票，然后联系商家申请退还16日演出的款项。但商家客服回复，门票一经售卖，概不退款。小颖对此提出疑问，认为该门票还未到演出时间，自己没有使用该门票，商家拒绝退票，就是霸王条款，是没有法律效力的，于是向当地消委会进行投诉。当地消委会接到投诉后，向双方了解情况。演出票品与网络上售卖的其他商品不同，门票具有较强的时效性。根据《网络交易管理办法》第十六条以及《中华人民共和国消费者权益保护法》第二十五条规定，最终认为门票不适用于七天无理由退货规则。

网络购物促销活动，虚构原价促销是否构成价格欺诈？

分析解读

首先我们需要知道什么是价格欺诈行为，什么是虚构原价行为。价格欺诈行为是指经营者利用虚假或者使人误解的价格条件，诱骗消费者或者其他经营者与其进行交易的行为。虚构原价是指经营者在促销活动中，标示的原价属于虚假捏造的，并不真实存在或者从未有过交易记录。虚构原价对消费者的购买行为产生误导，所以说虚构原价促销的行为构成价格欺诈。

当网购中遭遇商家价格欺诈时，消费者可以通过多个途径进行维

第八章 网络与安全

权。首先消费者要保存证据，比如购买商品的包装盒、说明书、发票等。接下来可以先和经营者协商，协商时要实事求是，所提要求要合情合理。如果双方没有达成一致意见，消费者可以向消协投诉经营者，或者向人民法院提起诉讼。

法条援引

《中华人民共和国消费者权益保护法》

第五十五条 经营者提供商品或者服务有欺诈行为的，应当按照消费者的要求增加赔偿其受到的损失，增加赔偿的金额为消费者购买商品的价款或者接受服务的费用的三倍；增加赔偿的金额不足五百元的，为五百元。法律另有规定的，依照其规定。

经营者明知商品或者服务存在缺陷，仍然向消费者提供，造成消费者或者其他受害人死亡或者健康严重损害的，受害人有权要求经营者依照本法第四十九条、第五十一条等法律规定赔偿损失，并有权要求所受损失二倍以下的惩罚性赔偿。

《中华人民共和国广告法》

第二十八条 广告以虚假或者引人误解的内容欺骗、误导消费者的，构成虚假广告。

广告有下列情形之一的，为虚假广告：

（一）商品或者服务不存在的；

（二）商品的性能、功能、产地、用途、质量、规格、成分、价格、生产者、有效期限、销售状况、曾获荣誉等信息，或者服务的内容、提供者、形式、质量、价格、销售状况、曾获荣誉等信息，以及与商品或者服务有关的允诺等信息与实际情况不符，对购买行为有实质性影响的；

（三）使用虚构、伪造或者无法验证的科研成果、统计资料、调查结果、文摘、引用语等信息作证明材料的；

（四）虚构使用商品或者接受服务的效果的；

（五）以虚假或者引人误解的内容欺骗、误导消费者的其他情形。

案　例

小李在某电商平台以6500元的价格购买了一台在商品详情页标注原价超过18000元的数码相机。当时小李看到该数码相机有折扣才下单，但收到相机后，小李确认为自己被商家虚假宣传忽悠了，因为同样的相机在其他平台售价明显低于自己选择的平台店铺，以超过18000元的价格作为原价标注，不符合该商品正常定价。于是小李找店铺及平台进行协商，退还差额。因协商未果，小李一气之下将店铺告至法院要求店铺退还自己的购物款，并向自己赔偿三倍购物款。法院经审理发现，该店铺无法提交证明材料，证明店铺存在或之前按照18000元原价交易过该商品的任何记录，因此可以认定该店铺确实存在故意夸大原价的虚假宣传行为，属于价格欺诈行为。根据《中华人民共和国消费者权益保护法》第五十五条，经营者提供商品或者服务有欺诈行为的，应当按照消费者的要求增加赔偿其受到的损失。但是在此案中小李未能提供充足的证据证明自己受到的经济损失，因此法院作出以下判决，店铺向小李退还6500元的购物款，同时小李需要将收到的相机退还给商家。

游戏账号被盗,游戏公司承担责任吗?

分析解读

游戏公司作为网络服务的提供者知道或者应当知道网络用户利用网络服务侵害他人民事权益的,游戏公司未采取必要措施,与实施网络侵权的用户承担连带责任。游戏公司作为游戏服务的提供者,有义务保障游戏玩家账户及财产安全。

虚拟财产是指虚拟的网络本身以及存在于网络上的具有财产性的电磁记录,是一种能够用现有的度量标准度量其价值的数字化的新型财产。游戏账号以及游戏装备属于虚拟的网络财产,具有财产属性,受到法律保护。在游戏世界中,运营商对游戏以及游戏相关数据有绝对的控制力,因此游戏账户被盗,游戏公司要承担责任。

法条援引

《中华人民共和国民法典》

第一百二十七条 法律对数据、网络虚拟财产的保护有规定的,依照其规定。

第一百七十九条 承担民事责任的方式主要有:

(一)停止侵害;

(二)排除妨碍;

(三)消除危险;

（四）返还财产；

（五）恢复原状；

（六）修理、重作、更换；

（七）继续履行；

（八）赔偿损失；

（九）支付违约金；

（十）消除影响、恢复名誉；

（十一）赔礼道歉。

法律规定惩罚性赔偿的，依照其规定。

本条规定的承担民事责任的方式，可以单独适用，也可以合并适用。

第一千一百九十七条 网络服务提供者知道或者应当知道网络用户利用其网络服务侵害他人民事权益，未采取必要措施的，与该网络用户承担连带责任。

《中华人民共和国刑法》

第二百八十五条 违反国家规定，侵入国家事务、国防建设、尖端科学技术领域的计算机信息系统的，处三年以下有期徒刑或者拘役。

违反国家规定，侵入前款规定以外的计算机信息系统或者采用其他技术手段，获取该计算机信息系统中存储、处理或者传输的数据，或者对该计算机信息系统实施非法控制，情节严重的，处三年以下有期徒刑或者拘役，并处或者单处罚金；情节特别严重的，处三年以上七年以下有期徒刑，并处罚金。

提供专门用于侵入、非法控制计算机信息系统的程序、工具，或者明知他人实施侵入、非法控制计算机信息系统的违法犯罪行为而为其提供程序、工具，情节严重的，依照前款的规定处罚。

单位犯前三款罪的，对单位判处罚金，并对其直接负责的主管人员和其他直接责任人员,依照各该款的规定处罚。

案 例

胡某是某款游戏的资深玩家,自己还经常进行游戏直播,通过充值氪金的方式现在已经排在整个游戏前十名,游戏中有不少值钱装备。胡某最近登录游戏时经常被提示自己 IP 有问题,有时候还出现游戏闪退,一开始没在意,觉得可能是自己最近刚换的网络,是由于网络不稳定造成的。2016 年 5 月某天胡某登录账户发现自己游戏账户内的装备全部丢失,重新登录游戏还是一样,于是联系游戏运营商说明情况,运营商调查发现原来是胡某的账号被盗,装备已经被全部交易。胡某要求运营商给自己找回,运营商称是因为胡某个人原因导致的和自己没有关系,胡某只能向法院提起诉讼,要求找回自己装备,或者赔偿自己损失。法院经审理认为,游戏运营商有保障玩家账号安全的义务,运营商疏于防范导致胡某账号被盗,装备交易无法追回,判决运营商赔偿胡某损失 7 万元。

游戏充值后,游戏公司倒闭了怎么办?

分析解读

游戏玩家和游戏公司之间属于网络服务合同关系。网络服务关系是指运营商为消费者提供路径,以使消费者与因特网连线的中介服务或者提供内容服务,一般是以消费者通过用户注册的方式建立。网络服务商一般会预先制定好格式合同,玩家只需要按照程序,查看合同条款后点击确认，网络服务合同即成立生效。

　　玩家在游戏中的充值属于个人财产，但是玩家和游戏公司不是劳务关系，游戏公司不会支付给玩家报酬，玩家对于游戏内的账号只有使用权没有所有权。注册账时协议的最后一句话是，以上协议内容最终解释权属于游戏公司所有，玩家只有点击确认，账号才能注册成功，因此在某种意义上来说游戏公司倒闭，玩家在游戏里的财产只能让游戏公司以法定货币的形式退还。

法条援引

《中华人民共和国消费者权益保护法》

　　第二十五条　经营者采用网络、电视、电话、邮购等方式销售商品，消费者有权自收到商品之日起七日内退货，且无需说明理由，但下列商品除外：

　　（一）消费者定作的；

　　（二）鲜活易腐的；

　　（三）在线下载或者消费者拆封的音像制品、计算机软件等数字化商品；

　　（四）交付的报纸、期刊。

　　除前款所列商品外，其他根据商品性质并经消费者在购买时确认不宜退货的商品，不适用无理由退货。

　　消费者退货的商品应当完好。经营者应当自收到退回商品之日起七日内返还消费者支付的商品价款。退回商品的运费由消费者承担；经营者和消费者另有约定的，按照约定。

《中华人民共和国民法典》

　　第三条　民事主体的人身权利、财产权利以及其他合法权益受法律保护，任何组织或者个人不得侵犯。

第一百一十三条　民事主体的财产权利受法律平等保护。

第一百二十七条　法律对数据、网络虚拟财产的保护有规定的，依照其规定。

《网络游戏管理暂行办法》

第二十二条　网络游戏运营企业终止运营网络游戏，或者网络游戏运营权发生转移的，应当提前60日予以公告。网络游戏用户尚未使用的网络游戏虚拟货币及尚未失效的游戏服务，应当按用户购买时的比例，以法定货币退还用户或者用户接受的其他方式进行退换。

网络游戏因停止服务接入、技术故障等网络游戏运营企业自身原因连续中断服务超过30日的，视为终止。

案　例

小李是资深游戏玩家，几乎没有他没玩过的游戏，其最喜欢在游戏中疯狂充值氪金，购买各种游戏装备，当然付出是有回报的，将游戏获得的稀有装备进行交易，以及收费协助平民玩家，从而弥补自己氪金支出。天有不测风云，小李刚在某游戏中充值6万元人民币，该游戏运营商就发布公告，称由于经营不善，游戏将在公告发出之日起90日内关闭所有服务器，并发布补偿公告，游戏的金币按比例兑换人民币。小李算了下，自己刚充值6万元，如果按照补偿方案，自己最多能得到4万元补偿，于是决定向法院提起诉讼，认为游戏公司违约，要求退还自己充值的6万元。法院经审理认为，小李和游戏公司之间构成网络服务合同关系，但是按照合同约定游戏公司有权随时解除合同，并且游戏公司已经提前发出公告，游戏公司行为不构成违约，根据公平原则判决游戏公司支付小李人民币4万元。

网购给差评，遭卖家威胁该怎么办？

分析解读

随着时代的发展，网络购物已经成为人们生活中必不可少的一部分。很多消费者在收到商品后，会把商品的实际使用情况和产品效果阐述出来。这些商品评论会帮助其他消费者了解该商品真实使用情况，帮助更多消费者选择是购买还是放弃这个商品。对于网上的商品来说，质量参差不齐、有好有坏，所以客户评价存在好评和差评。很多商家为了不影响店铺销量，会联系给差评的消费者。因此网购给差评的消费者会被商家骚扰，威胁的事件时有发生。当消费者因网购给差评遭遇卖家威胁，应该怎么办呢？

大家可以做好以下几点：首先要保存证据，比如和商家之间的聊天记录，如果收到了骚扰恐吓电话或者短信，要注意保存聊天记录、信息记录，然后去查证信息来源。接下来可以向该商家所在的平台进行投诉，要求平台处罚商家。如果情节严重，可以选择报警或者向人民法院提起诉讼，提交收集的证据。

法条援引

《中华人民共和国治安管理处罚法》

第四十二条 有下列行为之一的，处五日以下拘留或者五百元以下罚款；情节较重的，处五日以上十日以下拘留，可以并处五百元以下罚款：

（一）写恐吓信或者以其他方法威胁他人人身安全的；

（二）公然侮辱他人或者捏造事实诽谤他人的；

（三）捏造事实诬告陷害他人，企图使他人受到刑事追究或者受到治安管理处罚的；

（四）对证人及其近亲属进行威胁、侮辱、殴打或者打击报复的；

（五）多次发送淫秽、侮辱、恐吓或者其他信息，干扰他人正常生活的；

（六）偷窥、偷拍、窃听、散布他人隐私的。

《中华人民共和国刑法》

第二百九十三条　有下列寻衅滋事行为之一，破坏社会秩序的，处五年以下有期徒刑、拘役或者管制：

（一）随意殴打他人，情节恶劣的；

（二）追逐、拦截、辱骂、恐吓他人，情节恶劣的；

（三）强拿硬要或者任意损毁、占用公私财物，情节严重的；

（四）在公共场所起哄闹事，造成公共场所秩序严重混乱的。

纠集他人多次实施前款行为，严重破坏社会秩序的，处五年以上十年以下有期徒刑，可以并处罚金。

案　例

宋女士在网店给孩子购买了一条价值 285 元的裙子，在清洗过后发现裙子质量有问题。宋女士及时联系了店家，店家给予的回复是，因为该商品已被清洗，所以不退不换。宋女士一气之下给了店家差评。接下来店家的操作让宋女士开了眼。宋女士给店家差评之后连续接到商家电话及短信，目的就是让其删除差评，并承诺给予补偿。宋女士看到眼前的裙子失望至极，所以明确表明不会更改评价。可是店家也有一股不放弃的劲头，一直给其打电话、发短信，并且声称如果不撤销差评，就按照之前购物的地址找到宋女士家里去，不让宋女士好过。由于连续几天接到很多骚扰电话，宋女士一直不敢带孩子出门，甚至不敢接触陌生人。于是宋女士到当地派出所报了警，警察进行登记后表示将进行后续调查。

遭遇买家多次恶意下单退款该怎么办？

分析解读

随着网络科技的发展，人们越来越喜欢在网上进行购物。当人们对网购商品不满意时是可以进行退款的。退款是买家的权利，只要网购的商品符合七天无理由退货机制，商家就应该执行。因为平台设置了退款机制，有人利用机制漏洞薅羊毛的事件屡见不鲜。这种薅羊毛的行为，给商家造成了经济损失。如果商家遇到恶意下单退款的应该怎么办呢？

首先我们需要知道什么叫恶意退款以及恶意退款的情形有哪些。恶意退款指的是买家利用退款流程的便利性，通过虚假物流、空包、少件、调包等手段实现其牟利目的导致商家资金损失，或者购买商品后异常频繁地发起退款，影响正常的交易秩序的行为。如果多次恶意退款金额达到立案标准,是涉嫌构成诈骗罪的。

恶意退款包含但不限于以下情形:(一)在已收到货的情形下,买家无正当理由申请不退货仅退款被卖家拒绝后,继续大量反复地申请不退货仅退款的行为;(二)在平台按商品起批量、混批条件拍下并付款后,短时间内申请退款,导致订单不满足起批量、混批条件,导致卖家无法按时发货,并以此投诉卖家未按时发货的行为;(三)买家在无实质证据情形下,以投诉商品质量问题、假冒品牌等为由,胁迫卖家强制支持无理由退换货;(四)单独拍下已注明"单拍不发货"的特殊形态的商品,如1元礼品、赠品、样品、补邮费等,投诉卖家不发货;(五)其他滥用会员权利行为,如恶意收货不承认、退空包裹或调包、无正当理由拒绝或怠于支付商品或服务对价、恶意多笔退款、退货少货、骗赔等。

买家反复恶意申请退款怎么办?我们可以跟客服进行沟通,不能单从买家一方就判定,重点是买家不退货的行为,此行为已经构成了对方恶意侵占他人财产的行为。买家退款不退货属于违法行为,可以向人民法院提起诉讼。

法条援引

《中华人民共和国刑法》

第二百六十六条 诈骗公私财物,数额较大的,处三年以下有期徒刑、拘役或者管制,并处或者单处罚金;数额巨大或者有其他严重情节的,处三年以上十年以下有期徒刑,并处罚金;数额特别巨大或者有其他特别严重情节的,处十年以上有期徒刑或者无期徒刑,并处罚金或者没收财产。本法另有规定的,依照规定。

《中华人民共和国民法典》

第五百七十七条 当事人一方不履行合同义务或者履行合同义务不符合约定的，应当承担继续履行、采取补救措施或者赔偿损失等违约责任。

第五百七十八条 当事人一方明确表示或者以自己的行为表明不履行合同义务的，对方可以在履行期限届满前请求其承担违约责任。

案 例

宋先生在网上购物平台购买了一件品牌上衣，收到上衣后发现衣袖有污渍。经过沟通，店家让其申请退货退款。孙先生抱着侥幸的心理，给店家寄回一个空包裹，将退货单号提供给商家，让商家进行退款。几天后商家发现宋先生退回的包裹为空包裹，及时联系宋先生让其将衣服退回。沟通中双方发生语言争执。宋先生怀恨在心，于是在该店铺下单近百件衣服，然后在商家准备发货时又申请退款。商家将宋先生起诉至人民法院，商家的起诉理由为，由于宋先生频繁下单退单，致使店铺评分降低，严重影响了店铺的销售额，要求宋先生赔礼道歉，并赔偿经济损失费3万元。人民法院经审理认为，宋先生下单次数频繁，数量及金额都很大，而且频繁发起退款，其主观上并没有购买意愿且有报复的意思，此行为已构成了骚扰商家对商家名誉造成了伤害。经调解，宋某意识到了自己的侵权行为，向商家赔礼道歉，也愿意赔偿2400元店铺的经济损失。

一读就懂的法律维权课

未成年人打赏主播的钱能否追回?

分析解读

随着时代的进步,互联网已经是我们生活不可缺少的一部分,随着网络的普及,用户迅速增加,上网群体越来越低龄化。尤其近年来,网络直播行业发展迅速,游戏主播、带货主播、健身主播等各式各样五花八门。主播网红们大显身手各显神通,受到了许多网民的追捧。网民通过直播打赏刷礼物之后摇身一变成为直播间的榜一大哥、榜一大姐。这些操作引发了未成年人跟风效仿。未成年人由于自身认知水平不足、判断能力差,其对金钱没有概念,看到别人刷礼物自己也跟着刷,类似事件屡见不鲜。那么未成年人打赏主播的钱可以追回吗?

首先我们需要知道未成年人直播打赏行为不一定有效。未满八周岁的未成年人直播打赏,该行为是无效民事法律行为,打赏金额可以全部退回。八周岁以上的未成年人直播打赏,如果打赏超出其心智,需要由其法定代理人追认。未成年人打赏的钱如何去追回呢?未成年人父母可以直接与主播协商,表明打赏行为属于未成年行为,要求主播退还打赏的钱。如果与主播协商不成功,未成年人父母可以与主播所在的平台沟通,要求平台介入本次事件,让主播退还未成年人打赏的钱。如果以上方法行不通,未成年人父母还可以直接向人民法院提起诉讼，要求主播退还未成年人打赏的钱。

> **法条援引**

《中华人民共和国民法典》

第十七条 十八周岁以上的自然人为成年人。不满十八周岁的自然人为未成年人。

第十九条 八周岁以上的未成年人为限制民事行为能力人，实施民事法律行为由其法定代理人代理或者经其法定代理人同意、追认；但是，可以独立实施纯获利益的民事法律行为或者与其年龄、智力相适应的民事法律行为。

第二十条 不满八周岁的未成年人为无民事行为能力人，由其法定代理人代理实施民事法律行为。

第一百四十四条 无民事行为能力人实施的民事法律行为无效。

第一百四十五条 限制民事行为能力人实施的纯获利益的民事法律行为或者与其年龄、智力、精神健康状况相适应的民事法律行为有效；实施的其他民事法律行为经法定代理人同意或者追认后有效。

相对人可以催告法定代理人自收到通知之日起三十日内予以追认。法定代理人未作表示的，视为拒绝追认。民事法律行为被追认前，善意相对人有撤销的权利。撤销应当以通知的方式作出。

第一百五十五条 无效的或者被撤销的民事法律行为自始没有法律约束力。

第一百五十六条 民事法律行为部分无效，不影响其他部分效力的，其他部分仍然有效。

案例

10岁的小英是一名小学四年级的学生。疫情防控期间在家用手机上网课，课间下载了一个游戏直播软件，在观看直播期间，逐渐从单纯的观看转变成参与打赏。几天后，小英的父母才发现小英给游戏主播打赏了几十次，总计3.5万余元。这对于经济条件并不富裕的家庭无疑是雪上加霜。小英的父母非常生气，当天就联系了主播平台，要求平台返还打赏的金额。但是平台以不知小英是未成年人，而且认为小英使用手机支付的行为应该是得到了家长的允许为由，拒绝退回打赏钱。隔天，小英的父母向法院起诉。法院经过案件审查后认为，小英未成年，虽能独立操作手机观看直播，但是短时间内连续多次实施大金额打赏，此行为明显与其年龄、心智不符，同时此消费行为与其家庭的消费习惯差距大，应视为无效民事行为。法院判决支持小英父母要求退还打赏钱的诉求。